ELIOOO

WIE DU MITHILFE VON IKEA® EIN GERÄT BAUST, UM ZUHAUSE ESSEN ANZUPFLANZEN.

ANTONIO SCARPONI

3rdO books

Veröffentlicht von Third O Books

3rd O

Hermetschloostrasse 70 #2.16 8048 Zürich, Schweiz.
www.3rdo.com

ISBN 978-3-9524132-9-6

Übersetzung und Satz der deutschen Ausgabe durch den Werbegrafiker Leonard Kaufmann (@MudBocx).

Lektoriert von der Designerin und Autorin Natalia Suwalski (@nataliasuwalski); der Künstlerin Josephine Tedder; Gosia Kubat (WordCulture GmbH, Zürich).

Antonio Scarponi (@scarponio) ist Architekt und Designer. Er ist der Gründer von *Conceptual Devices*, einem Entwicklungsbüro für Design und Architektur.

Er studierte Architektur an der Cooper Union in New York und erhielt von der IUAV Universität in Venedig seinen Doktortitel in Urban Design.

2008 war er einer von fünf Preisträgern des CurryStone Design Preises und 2012 wurde er für den Katerva Sustainability Award nominiert.

www.conceptualdevices.com

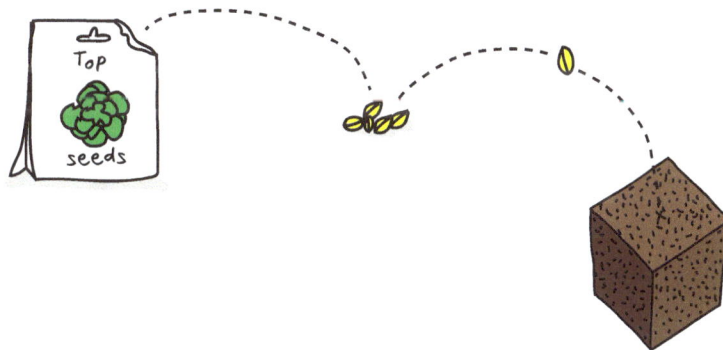

INDEX

VORWORT

WENN DU DEN ANLEITUNGEN IN DIESEM BUCH FOLGST, WIRST DU ZUM
ERSTELLER EINER IDEE.

DIE ANLEITUNGEN IN DIESEM BUCH FÜHREN ZU PRODUKTEN, DIE NUR
EXISTIEREN, WENN DU SIE SELBST BAUST. DIES IST DIE BAUANLEITUNG. ICH
HABE DIESES GERÄT ENTWORFEN, DAMIT DU ES DAZU BENUTZEN KANNST,
MIT EINFACHEN IKEA-BOXEN, EIN WENIG GARTENZUBEHÖR UND DEN
ANWEISUNGEN IM BUCH EIGENES ESSEN ANZUBAUEN.

DAS BESCHRIEBENE SYSTEM BEDIENT SICH DER HYDROPONIK, EINER
ANBAUTECHNIK, MIT WELCHER MAN PFLANZEN IN WASSER WACHSEN LÄSST,
ANSTATT SIE MIT ERDE AUFZUZIEHEN. ES GIBT DREI EINFACHE GRÜNDE
AUF HYDROKULTURSYSTEME ZU SETZEN: MAN KANN BIS ZU 90% DES BEI
TRADITIONELLEN ANBAUMETHODEN VERWENDETEN WASSERS EINSPAREN, ES
WIRD WENIGER PLATZ BENÖTIGT UND MAN BRAUCHT DIE PFLANZEN NICHT ZU
GIESSEN.

DAS VON MIR ENTWORFENE SYSTEM KOMBINIERT VERSCHIEDENE TECHNIKEN
UND ADAPTIERT SIE SO, DASS ES EINFACHER IST, SIE ZUHAUSE UMZUSETZEN.
SO WIRST DU EIN STÄDTISCHER FARMER.

DIESES BUCH DREHT SICH ABER WEDER UM STÄDTISCHEN ANBAU (URBAN
FARMING) NOCH UM ALLGEMEINE INFORMATIONEN ZU HYDROPONIKSYSTEMEN.
DIESES BUCH IST EINE ANLEITUNG, WIE MAN MIT GÜNSTIGEN IKEA BOXEN EIN
EINFACHES HYDROKULTURSYSTEM BAUEN UND BETREIBEN KANN. ICH NENNE
DIESES SYSTEM EL1000.

ICH GLAUBE DARAN, DASS DIES DAS ULTIMATIVE ZIEL VON DESIGN
WISSENSVERMITTLUNG IST. ALS DESIGNER VISUALISIERE ICH MENGEN UND
MASSE. ICH BERATE UND ERLÄUTERE ABLÄUFE. MANCHMAL HAT DAS DANN
MEHR MIT GESCHICHTENERZÄHLEN ALS MIT TECHNISCHEN ZEICHNUNGEN
ZU TUN. DIESE GESCHICHTEN UND DEREN ILLUSTRATIONEN WERDEN
TRADITIONELL AN HANDWERKER WEITERGEGEBEN, UM SIE IN IHRE FINALE
FORM BRINGEN ZU LASSEN. ALS DESIGNER STELLE ICH MIR DIE AUFGABE,
DINGE ZU ENTWERFEN, DIE JEDER SELBST HERSTELLEN KANN. HEUTZUTAGE
KANN DESIGN DIE WELTBEVÖLKERUNG ZUR GRÖSSTEN KREATIVINDUSTRIE
ÜBERHAUPT WERDEN LASSEN: EIN BETRIEB DER BREITEN MASSE
SOZUSAGEN. ICH BIN DER MEINUNG, DASS WIR LIEBER NEUE WEGE FINDEN
SOLLTEN MIT DINGEN ZU ARBEITEN, DIE WIR BEREITS BESITZEN, ANSTATT
GEDANKENLOS IMMER NEUE SACHEN ZU PRODUZIEREN UND STÄNDIG NEUE
PRODUKTIONSPROZESSE ZU ERFINDEN.

AUS DIESEM GRUND HABE ICH MICH DAZU ENTSCHLOSSEN, EL1000 MITHILFE
VON IKEA-ARTIKELN ZU ENTWICKELN. JEDER KANN LEICHT HERAUSFINDEN,
WO DAS NÄCHSTE IKEA-GESCHÄFT IST UND WIE VIEL DIE JEWEILIGEN

ARTIKEL KOSTEN.
DAS ZIEL VON DESIGN IST EBENSO ZU INSPIRIEREN. DESHALB IST ELIOOO
SO AUFGEBAUT, DASS DU MIT DEN VERSCHIEDENEN VARIANTEN, DIE ICH
VORSTELLE, EXPERIMENTIEREN KANNST. OB DU DEINE VARIANTE MIT ODER
OHNE IKEA-KOMPONENTEN UMSETZT, BLEIBT DIR ÜBERLASSEN.

BASTLE AN DER AUSSTATTUNG, OPTIMIERE DAS SYSTEM, SPIELE MIT DEN
VARIANTEN UND BAUE ETWAS. SEI ERFINDERISCH. GROW YOUR FOOD.

VIEL SPASS.

A. S.

MEIN RECHERCHE-PROZESS

Oder Wie Es Zu Diesem Projekt Kam

Wie es zu diesem Buch kam, ist eine ziemlich lange Geschichte. Es ist das Resultat von dem, was ich meinen Recherche-Prozess nenne. Ich entwickle viele Projekte dieser Art und ich hatte auch bei vorherigen Arbeiten bereits auf IKEA Artikel gesetzt. Das erste Projekt stammt aus dem Jahr 2008, als ich an einem Wettbewerb zum Thema *Geodesign* in Turin teilnahm, der von ABITARE (@abitare), einem italienischen Design Magazin, ausgeschrieben worden war. Zu dieser Zeit war der Architekt Stefano Boeri (@StefanoBoeri) Leiter des Magazins. Die Idee war, eine Verbindung zwischen lokalen Gemeinden, Designern und Betrieben herzustellen und mit deren Hilfe ortsspezifische Prototypen zu entwickeln. Diese Prototypen sollten auf bestimmte Gemeinden und deren Anforderungen abgestimmt werden. Wir entschieden uns dafür, einen Flohmarkt umzugestalten. Unserem Vorhaben wurde zugestimmt und wir hielten mit der ehrenamtlichen Organisation, die den Flohmarkt organisierte, Workshops ab. Wir erfuhren so, dass dies einer der ärmsten Flohmärkte Europas war. Unsere Aufgabe war es, die Verkaufsfläche jedes Händlers zu markieren und zusammenfaltbare Rollwagen zu bauen, mit denen man die Ware an den Verkaufsplatz transportieren konnte. Außerdem bauten wir provisorische Unterstände, die vor Regen und Sonne schützen sollten. Nach einem Gespräch mit der ABITARE-Redakteurin Lucia Tozzi hatten wir das Glück, an eine technische Förderung durch IKEA Italien zu kommen. Hierbei hat uns auch der italienische IKEA PR-Manager Valerio di Bussolo unterstützt. Diese Förderung führte dazu, dass wir das gesamte Projekt mit IKEA-Artikeln verwirklichen konnten. Dies führte zum Projektitel RIKEA. 2009 wurden wir zur Architektur Biennale nach Rotterdam eingeladen, um das Projekt dort zu präsentieren und erhielten eine Auszeichnung.

Ein paar Monate später wurde ich von Petro Gadanho (@petrogadanho) gebeten, an einem redaktionellen Projekt teilzunehmen, das er betreute. Er wollte, dass ich eine Science-Fiction-Geschichte zu "möglichen Szenarien einer Zukunftsstadt" schreibe. Die Geschichte sollte in einer Buchserie namens *Beyond* erscheinen.
Ich schrieb also einen Text über einen wunderbaren Flohmarkt. Ich stellte mir vor, dass alle Rohstoffe der Welt aufgebraucht und stattdessen mit bereits vorhandenen Produkten ersetzt worden wären. Design war in dieser Welt der entscheidende Bestandteil, die Form des Wissens, die notwendig war, um alles herzustellen. Und Design war auch der Teil, der sich immer wieder auf unterschiedliche Weisen umstrukturierte. Das war der Grundgedanke hinter RIKEA. Etwas später, im Jahr 2011, hatte ich eine weitere Gelegenheit, ein science-fiction-artiges Projekt zu entwickeln. Diesmal ging es darum, Fische und Gemüse in einem gemeinsamen Behälter zu züchten. Die Idee dazu entstand durch einen Auftrag, den ich vom Schweizer Startup-Unternehmen UrbanFarmers erhielt. Ich sollte für sie eine Aquaponikfarm auf einem Dach in Basel entwerfen.

Auch für dieses neue Projekt verwendete ich wieder Behälter von IKEA. Um noch ein wenig mehr über die Arbeit mit Aquaponik herauszufinden, entschied ich mich ein Forschungsprojekt ins Leben zu rufen, das sich mit der Frage beschäftigte, wie viel Essen man in einer normalen

Wohnung selbst anpflanzen kann. Andreas Graber, einer der Gründer von UrbanFarmers, half mir dabei, die notwendigen Vorbereitungen für einen Prototypen zu treffen. Ich entwarf einen Apparat, den ich *Malthus, a Meal a Day*, nannte. Mit *Malthus* kann man eine 200 Gramm Portion Fisch und eine Portion Salat am Tag produzieren. Ich bezog mich bei der Benennung des Apparates mit ein wenig Ironie auf Robert Malthus, der in seinem Buch *Versuch über das Bevölkerungsgesetz* (1798) behauptete: "Das Anwachsen der Bevölkerung zeigt stets eine Tendenz stärker als der Nahrungsmittelspielraum der Erde zu wachsen." Vor ihm hatte keiner in Frage gestellt, dass die Erde ab einem bestimmten Punkt vielleicht nicht mehr genug Rohstoffe zur Verfügung stellen kann, um die Bevölkerung zu ernähren. Die Frage ist immer noch nicht vollends beantwortet und ich wollte mich ihr mit *Malthus* stellen. *Malthus* ist übrigens mit Einnahmen der Ausstellung *Power Landscapes* in Stockholm, die Po Hagström kuratierte, teilfinanziert worden. Für mich war das der Samen, der die Pflänzchen in meinem Büro zum sprießen brachte.

Als Designer stelle ich mich der Herausforderung, Ideen in Form zu bringen und sie umsetzbar zu machen. Sicherlich kann ich nicht alle Probleme dieser Welt lösen. Ich kann aber dafür sorgen, dass auf bestimmte Probleme aufmerksam gemacht wird. Das sind die Grundgedanken hinter ELIOOO. Zu ELIOOO selbst kam ich nach einer Ausstellung, die ich für das Cabaret Voltaire (dem Geburtsort des Dadaismus) in Zürich gestaltete.

Die Ausstellung hieß *DADA New York II: Revolution to Smash Global Capitalism* und es wurden die Künstler The Yes Man, Reverend Billy, Voina und ich gezeigt. Apolitisch zu sein ist an sich schon ein starkes politisches Statement. Ich entschied mich dazu, dass Design meine eigene Art des Aktivismus sein sollte und ich mit der Idee den Kapitalismus zu zerstören auf ironische Weise spielen wollte. Ich vertrat die Meinung, dass jeder in irgendeiner Weise auf Kapitalismus angewiesen ist.

Der Entscheid, für die Ausstellung ausschließlich IKEA-Artikel zu verwenden, kam erst anschließend. Die Grundidee hierbei war es, eine Installation zu entwerfen, die man nach Ende der dreimonatigen Ausstellung wieder zurückbringen konnte. Dies geschah natürlich im Einklang mit den Vorgaben zur IKEA-Kundenzufriedenheit. Ich wollte die Ausstellung so gestalten, dass man sie weltweit zu sehr geringen Kosten wiederholen konnte, indem man einfach zu IKEA geht und dort alle notwendigen Artikel einkauft. Die Ausstellungsräume wurden so eingerichtet, dass sie eine Kombination aus einem Aufenthaltsraum, einem Concept Store und einer Werkstatt ergaben. Mit drei Artikeln - Aufbewahrungsboxen (Trofast), einem Regalsystem (Antonius) und einer handvoll Kabelbinder stattete ich die kompletten Räumlichkeiten mit allem aus, was man benötigte. Dazu gehörte ein Bett, Lampen, ein Beistelltisch, drei grosse Bücherregale, zwei Werkstatttische, einige Stühle, ein Sessel und sogar ein Sofa. Zusammen mit Adrian Notz und Philip Meier entschieden wir uns, die Installation Readykea zu taufen. Für das Cabaret Voltaire war dies die mit Abstand die günstigste Ausstellung, die jemals dort präsentiert wurde.

Einige Monate später luden mich Susanna Legrenzi, Stefano Mirti und Marco Patroni zu einer Ausstellung namens Foster Care ein, die an einem Abend während des Salone del Mobile in Mailand stattfand. Aus diesem Grund fügte ich der Readykea Installation ein weiteres Element hinzu: Ein kleines Hydrokultursystem, mit dem man Essen anpflanzen konnte. Dadurch wurde mir klar, dass ich mit den gleichen Komponenten eine ganze Reihe von verschiedenen Hydrokultursystemen bauen konnte. Ich wandte mich an IKEA und fragte nach einer Förderung.

Ich erklärte mein Vorhaben eine Crowdfunding-Kampagne ins Leben rufen zu wollen, um das Schreiben, die Illustrationsarbeiten und die schliesslich Produktion dieses Buches zu ermöglichen. Als Dankeschön sollte es an meine Helfer gehen. Auch dieses Mal stimmten sie dem Vorhaben zu.

EIN WIRKLICH LANGES
DANKESCHÖN *- Danksagungen*

Mir ist bewusst, dass das eine sehr lange Danksagung an all die Leute wird, die mich auf meinem Weg unterstützt haben. Ein Projekt wie dieses kommt nicht ohne die kleinen Hintergrundgeschichten und die vielen großzügigen Leute aus, die zum Erfolg beigetragen haben. David Affentrager macht bei IKEA Schweiz einen hervorragenden Job. Er ist einer weniger Leute, die wirklich tun, was sie versprechen. Ich kann mir keine Brainstormmeetings ohne @____the-nomad und Jimena Quintana mehr vorstellen, um eine Crowdfundingkampagne auf die Beine zu stellen. Auch Amber Hickey war mir bei der Texterstellung und Crowdfundingberatung eine große Hilfe. Ein Dank geht ebenfalls an Monica Tarocco (@moniemmeti), Carlo Pisani (@carlopisani) und Eleonora Stassi (@eleonora_sta), die Fotos des Prototypen erstellt haben, bevor ELIOOO auf dem Salone del Mobile in Mailand vorgestellt wurde.
Ein besonderer Dank geht an Stefano Massa (@doctorcrowd), der mit mir bei Conceptual Devices gearbeitet hat und in dieser Zeit diverse Aufgaben gemeistert hat. Er ist der Ersteller des Crowdfundingvideos und hat das CSS für die ELIOOO Website geschrieben. Zusätzlich bedanke ich mich bei ihm, als mein Freund und Mitarbeiter, für seine unendliche Geduld und für die vielen Projekte, an denen wir bereits gemeinsam im Rahmen von Conceptual Devices gearbeitet haben. Ein großes Dankeschön geht ebenso an Tido Von Oppeln, der mir geholfen hat, das Buch auf zentrale Designanforderungen hin anzupassen. Ein noch größeres Dankeschön geht an Liz Henry (@whereareyouliz) von Nuance Words. Liz half mir sehr oft bei der Korrektur von Texten, die ich für meine Projekte schrieb. Texte zu schreiben ist nicht immer einfach, vor allem, wenn man in einer fremden Sprache schreibt, wie ich dies hier tue. Ich hatte das Gefühl als würde ich mich in einem dunklen Raum voller Menschen bewegen. Ich musste mit jedem Schritt befürchten, jemandem auf die Füße zu treten. Liz hat mir geholfen meinen Weg zu finden. Amber Hickey hat sicherheitshalber nochmal gegengelesen. Doppelt hält besser.

Ich möchte allen Unterstützern der Crowdfundingkampagne danken. Ohne Euch wäre dieses Projekt nicht möglich gewesen. Das sind fantastische Leute. Sie haben an das Konzept des Buches geglaubt, bevor es fertig war.

Diese Leute sind nicht nur konzeptionelle Hersteller. Sie sind Produzenten, Unterstützer, Sponsoren und schliesslich die Verstärker dieser Idee. Sie halfen mir die Idee greifbar zu machen.

Ein sehr spezieller Dank geht an: Alberto Gascon, Aldo Mazola, Ally Motorcade, Andrea Botto, Andrea Zausa, Andreas Schmeil, Anna Barbara, Attilio Barzaghi, August Flassig, Boonkai Lee, Chin Yi Chieng, Chris Amos, Chris Niewiarowski, Christian Langenegger, Claudia Meier, Claudio Farina, Cristina Perillo, Cristina Senatore, Daniel Frei, Daniela Bettoni, Danika Hadgraft, David Schneller, David Van Berckel, Davide Sacconi, Deanna Brown, Elisa Ossino, Eric Damon Walters, Evelyn Leveghi, Felix Kuestahler, Frederick Wells, Giacomo Pirazzoli, Gianluigi D'Angelo, Gillard Magalie, Gioia Guerzoni, Greg Perkins, Janelle Wohltmann, Jeremy Hulette, Joyce Miletic, Julia Graf, Karen Smith, Kaspar Manz, Kate Hofman, Kimball Finigan, Koen Verschaeren, Laura Basco, Lisa Asmussen, Lisa Rempp, Louis Silverman, Lucia Giuliano, Magnus Dahlstrand, Maria Costea, Mariano Dallago, Marina Metaxa, Mario Cantarella, Marius Finnstun, Mark Durno, Martin Locher, Martin Pfaundler, Mathew Kinghorn, Maurizio Cilli, Melanie Gajowski, Michael Keller, Natascia Fenoglio, Nathan Wolf, Nicole Sauvageau, Olle Lundell, Pablo Castillo, Pamela Ferri, Paolo Priolo, Paul Fields, Phillip Frankland, Rachele Storai, Rebecca De Marchi, Rebecca Defoe, Robert Mason, Samuele Anzellotti, Simona Galateo, Stefan Hornke, Stefan Leijon, Stefano Mirti, Steve Swiggers, Stewart Adams, Susanna Legrenzi, Tammy Johnson, Taroh Kogure, Taylor Banks, Thalia Lehmann, Tieme Van Veen, Vincent Uher, Walter Nicolino, Younjin Kim und die vielen anderen, die nicht genannt werden wollten.

Ich möchte außerdem meinen ersten beiden Wiederverkäufern für die Unterstützung danken: Veg and the City (@Veg_andthecity) und Nerd Communications (@nerdcomms), sowie den vielen vielen Leuten, die das Buch auf www.eliooo.com vorbestellten, während die Crowdfundingkampagne noch lief und wir die Inhalte zusammenstellten.

Eine erfolgreiche Crowdfunding-Kampagne auf die Beine zu stellen, ist nicht einfach und oftmals ist es nicht genug. Man braucht auch sehr viel Glück. Ich habe wirklich hart an diesem Projekt gearbeitet. Ich hatte aber auch eine Menge Glück. Die Kampagne wurde durch fantastische Leute, die ich meine Freunde nennen darf, unterstützt. Danke an Daniel Frei (@da_frei) für die Unterstützung und all den Rat. Um es in einen Satz zu bringen: Danke für Deine Freundschaft.

Ein großer Dank gilt Remo Ricchetti (@remo_ricchetti), der die genial-perverse Taktik vorschlug, die Geburtstagsfunktion auf Facebook für unser Marketing zu verwenden. Danke an Stefano Mirti (@stefi_idlab), der sich dieser Idee annahm und sie mit dem Motto "Unterstütze dieses Projekte und bekomme etwas für Dich" auf der Facebook Seite von Grand Turistas (@grandturistas) umsetzte. Er hatte die Seite zusammen mit Remo und Daniele Mancini als Social Media-Projekt für den italienischen Pavillon der venezianischen Architektur-Biennale 2012 angelegt.

Ich möchte außerdem die Leute erwähnen, die in Ihren Blogs über das Projekt schrieben, es in den sozialen Netzwerken teilten und so halfen, es im Internet zu verbreiten. Dank haben Tina Roth Eisenberg (@swissmiss) und Maria Popova (@brainpicker) verdient, die das Projekt in den letzten Tagen des Crowdfundings behandelten und der Kampagne so den finalen Push gegeben haben. Auch Jennifer Hattam (@jenhattam) und Sumandro Chattapadhyay (@ajantriks) möchte ich danken, da sie sehr gute und ehrliche Artikel auf ihren jeweiligen Blogs *Treehugger* und *Pop-up City* geschrieben haben.

Zum Schluss möchte ich meiner Frau Phaedra danken, die dieses und viele andere Projekte, in die ich involviert war, mitfinanziert und mich so immer unterstützt hat. Das Buch möchte ich unserer Tochter widmen. Hoffentlich können wir es eines Tages zusammen durchblättern und darüber lachen, was sie für einen verrückten Vater hat.

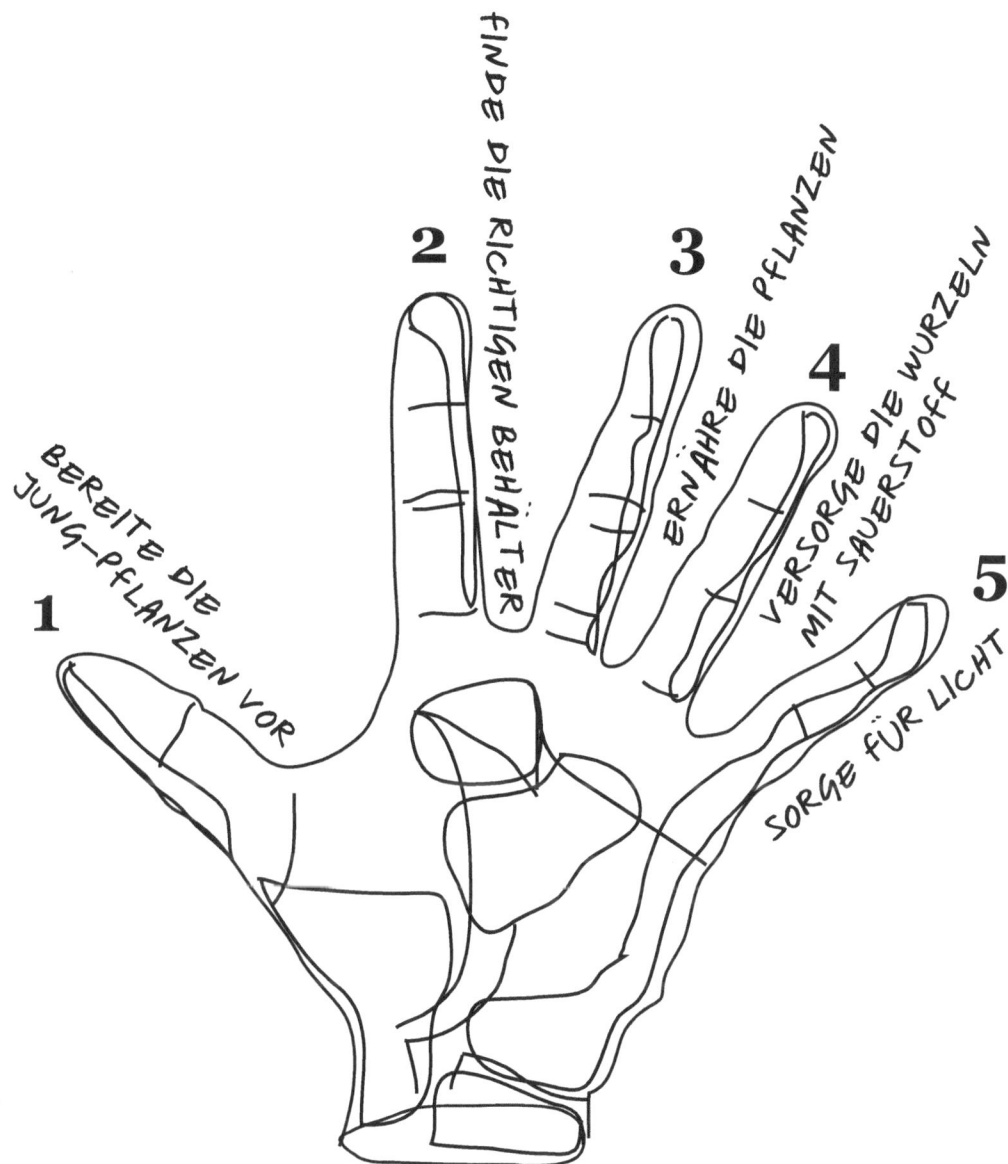

1 BEREITE DIE JUNG-PFLANZEN VOR

2 FINDE DIE RICHTIGEN BEHÄLTER

3 ERNÄHRE DIE PFLANZEN

4 VERSORGE DIE WURZELN MIT SAUERSTOFF

5 SORGE FÜR LICHT

FÜNF GESTALTUNGSAUFGABEN BEI DER ARBEIT MIT HYDRO- KULTURSYSTEMEN

DIE VERWENDUNG VON ERDE ALS SUBSTRAT IN DER LANDWIRTSCHAFT IST LEDIGLICH EINE AUSREDE. PFLANZEN MÜSSEN NICHT ZWINGEND IN ERDE AUFGEZOGEN WERDEN. DIE HYDROPONIK IST EINE ANBAUTECHNIK, DIE ES ERLAUBT, PFLANZEN DIREKT IM WASSER WACHSEN ZU LASSEN. DIE EINZIGE VORAUSSETZUNG HIERFÜR IST, DASS MAN DEN WURZELN DER PFLANZEN GENÜGEND NAHRUNG UND SAUERSTOFF ZUR VERFÜGUNG STELLT.

WENN MAN ES REIN TECHNISCH BETRACHTET, HAT EIN SUBSTRAT WIE BSPW. ERDE ZWEI AUFGABEN ZU ERFÜLLEN. DIE ERSTE AUFGABE IST, der PFLANZE HALT ZU GEWÄHREN, SO DASS SIE NACH OBEN WACHSEN KANN. DIE ZWEITE IST ES, DIE PFLANZE MIT NÄHRSTOFFEN UND SAUERSTOFF ZU VERSORGEN. SOBALD DIE ORGANISCHE MASSE ZERLEGT WIRD, WERDEN DIE DARAUS RESULTIERENDEN ELEMENTE ZUR NAHRUNG DER PFLANZE. IN DER IM ERDSUBSTRAT EINGESCHLOSSENEN LUFT FINDET SICH AUCH SAUERSTOFF. WÜRDE MAN BEISPIELSWEISE EIN KOMPAKTES SUBSTRAT WIE TON VERWENDEN, IST ES FAST UNMÖGLICH, DARIN EINE PFLANZE AUFZUZIEHEN. ES IST EINFACH NICHT GENUG SAUERSTOFF FÜR DIE WURZELN VORHANDEN. WENN MAN ABER DIE NÄHRSTOFFE DIREKT DEM WASSER ZUFÜHRT, KÖNNEN SICH DIE WURZELN UM DEN REST KÜMMERN. DIES SETZT ABER VORAUS, DASS MAN DER PFLANZE GENUG SAUERSTOFF ZUR VERFÜGUNG STELLT.

DER HYDROKULTURANBAU ERMÖGLICHT EINE WASSERERSPARNIS VON FAST 90% GEGENÜBER DEN HERKÖMMLICHEN SUBSTRATBASIERTEN ANBAUTECHNIKEN. ES ERMÖGLICHT DIR MEHR PFLANZEN AUF KLEINERER FLÄCHE ANZUBAUEN UND BEUGT INFEKTIONEN, PILZBEFALL ODER ANDEREN KRANKHEITEN VOR, DIE IM SAATMATERIAL ZU FINDEN SEIN KÖNNEN. EIN UNKRAUTBEFALL KANN KOMPLETT AUSGESCHLOSSEN WERDEN (DAHER BRAUCHT MAN AUCH KEINE HERBIZIDE). ES WIRD DEUTLICH WENIGER ZEIT ZUM EINPFLANZEN BENÖTIGT, ALS DIES BEI DEN ÜBLICHEN SUBSTRATBASIERTEN ANBAUVARIANTEN DER FALL IST. MAN MUSS DAS SUBSTRAT NICHT VORBEREITEN UND BRAUCHT DIE PFLANZEN NICHT ZU GIESSEN.

UM DIE VORTEILE VON HYDROKULTURSYSTEMEN GENIESSEN ZU KÖNNEN, MUSS MAN SICH FÜNF ESSENTIELLE DESIGNAUFGABEN STELLEN. ICH HABE IM BUCH EIN SYSTEM ENTWICKELT, MIT DEM MAN DIESE PROBLEME LÖSEN KANN. ICH VERWENDE HIERZU EINIGE GEGENSTÄNDE VON IKEA UND EINFACHES GARTENZUBEHÖR. BEI EL1000 GEHT ES FAST AUSSCHLIESSLICH UM EINE PLATZSPARENDE LÖSUNG DER FÜNF HYDROPONIKAUFGABENSTELLUNGEN. ES GIBT UNENDLICH VIELE MÖGLICHKEITEN, DIESE AUFGABEN ZU LÖSEN. EL1000 IST DIE EINFACHSTE, DIE ICH MIT HILFE VON GÜNSTIGEN, FAST ÜBERALL ERHÄLTLICHEN, KOMPONENTEN ENTWICKELN KONNTE.

Aufgabe

1

BEREITE DIE JUNGPFLANZEN VOR

ES IST SEHR WICHTIG, DASS MAN DIE PFLÄNZCHEN SELBST
AUFZIEHT. DIES DIENT NICHT NUR DAZU, GENAU ZU WISSEN,
WO DIE PFLANZE HERKOMMT, SONDERN MAN KANN AUCH VON
ANFANG AN MÖGLICHEN INFEKTIONEN VORBEUGEN.

ES GIBT ZWEI WEGE, WIE DU BEGINNEN KANNST. DU KANNST
DEN PFLANZENSAMEN IN EIN SOGENANNTES
ANZUCHTSUBSTRAT SETZEN. DAS IST EIN WACHSTUMSMEDIUM
(BSPW. AUS KOKOS), IN DAS DIE PFLANZE HINEINWACHSEN
KANN. DIE ANDERE MÖGLICHKEIT IST EINE BELIEBIGE
PFLANZE DEINER WAHL ZU KLONEN, UM SO EINE IDENTISCHE,
NEUE PFLANZE ZU ERHALTEN.

DIE GRUNDLAGEN, UM JUNGPFLANZEN ZU ZÜCHTEN:

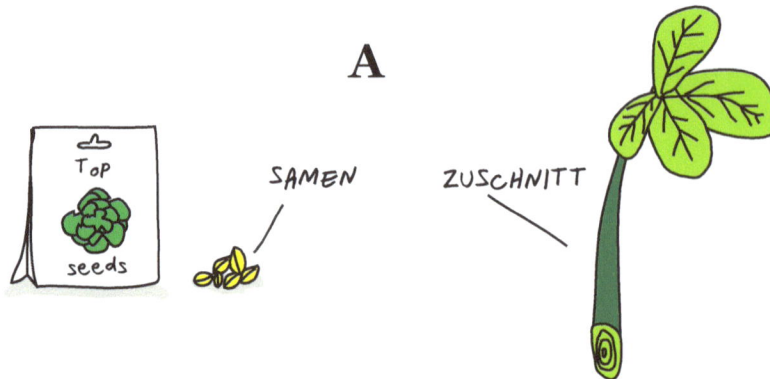

A

SAMEN

ZUSCHNITT

WIE MAN EINEN SETZLING AUS SAMEN
ODER AUS EINEM ZUSCHNITT ERHÄLT,
ERFÄHRST DU ETWAS SPÄTER.

NETZTÖPFE

B

DIESE BEHÄLTER SIND MEIST SCHWARZ UND ERLAUBEN
DEN WURZELN DIREKT INS WASSER ZU WACHSEN. FÜR
DIESES SYSTEM EMPFEHLE ICH DIE KLEINEREN TÖPFCHEN MIT
ETWA 5 CM HÖHE.

JOGHURTBECHER
MIT JOGHURT

NETZTÖPFE KÖNNEN AUCH ALS D.I.Y.-VARIANTE
HERGESTELLT WERDEN. KLEINE JOGHURTBECHER
FUNKTIONIEREN HIERZU EINWANDFREI. MAN MUSS DEN
BECHER NUR MIT LÖCHERN VERSEHEN, DAMIT DIE WURZELN
HIN ZUM WASSER WACHSEN KÖNNEN.

C

STARTSUBSTRAT

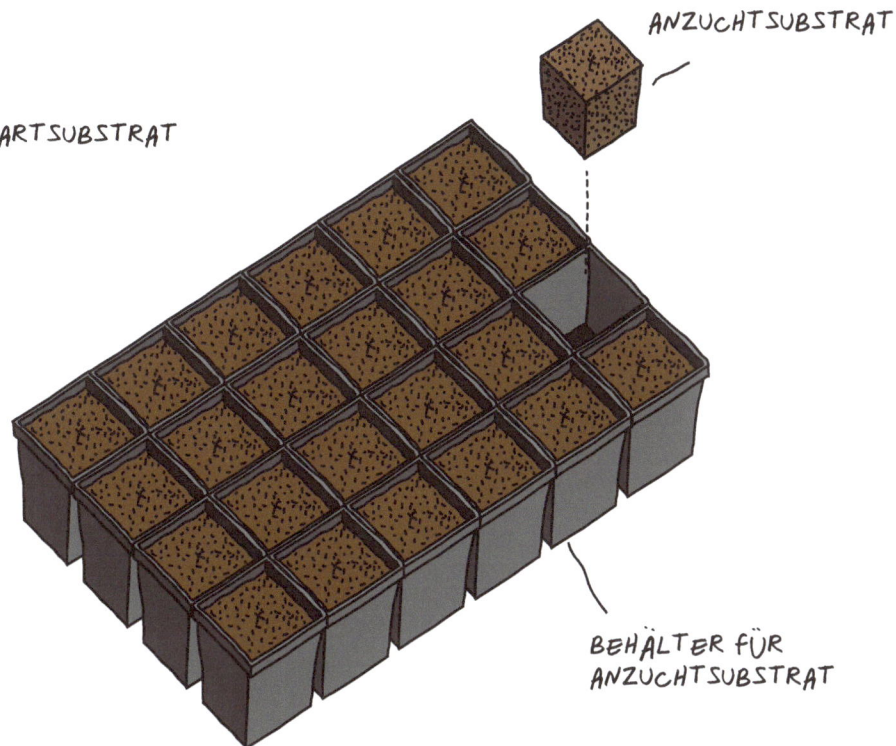

ANZUCHTSUBSTRAT

BEHÄLTER FÜR
ANZUCHTSUBSTRAT

ES GIBT SEHR VIELE ARTEN VON STARTSUBSTRATEN. ICH EMPFEHLE
GERN DIE AUS KOKOS UND ORGANISCHEM KOMPOST HERGESTELLTEN
VARIANTEN. ICH MAG DIESES SUBSTRAT, WEIL ES AUS ORGANISCHEM
MATERIAL IST UND MAN ES, OHNE DASS ES AUSEINANDERFÄLLT,
LEICHT AUS DEM PLASTIKBEHÄLTER ENTNEHMEN KANN. DAS MACHT
EIN UMTOPFEN SEHR VIEL LEICHTER. DAS STARTSUBSTRAT HILFT DEN
WURZELN NACH DEM UMTOPFEN AUCH DABEI, DEN WEG IN DAS MIT
NÄHRSTOFFEN ANGEREICHERTE WASSER ZU FINDEN. MAN BEKOMMT
SIE IN VERSCHIEDENEN GRÖSSEN UND FORMEN. STELLE NUR SICHER,
DASS DIE GRÖSSE DES STARTSUBSTRATES ZU DEN NETZTÖPFEN MIT
5 CM DURCHMESSER PASST. DU KANNST NATÜRLICH AUCH EINE
ANDERE GRÖSSE VERWENDEN.

D

HYDROTON

HYDROTON IST EIN PERFEKTES STARTSUBSTRAT.
ER SORGT WIE ERDE DAFÜR, DASS DIE PFLANZE
BEIM WACHSEN UNTERSTÜTZT WIRD. HYDROTON
IST MEIN LIEBLINGSSUBSTRAT, WEIL ER LEICHT,
GÜNSTIG, PH-NEUTRAL UND FAST ÜBERALL
ERHÄLTLICH IST. DIE EINZIGE
VORSICHTSMASSNAHME, DIE MAN VOR
VERWENDUNG IN PUMPENSYSTEMEN TREFFEN
SOLLTE, IST DEN TON MIT WASSER ZU
BEFEUCHTEN. DIES WIRD EMPFOHLEN, UM
KLEINSTE PARTIKEL ZU ENTFERNEN, DIE
KOMPONENTEN DES PUMPENSYSTEMS
BESCHÄDIGEN KÖNNEN. ANDERE SUBSTRATE,
DIE FÜR HYDROKULTUREN VERWENDET WERDEN
KÖNNEN, SIND: PERLITE, STEINWOLLE UND
KOKOSFASERN.

25

DIE SAMEN EINPFLANZEN

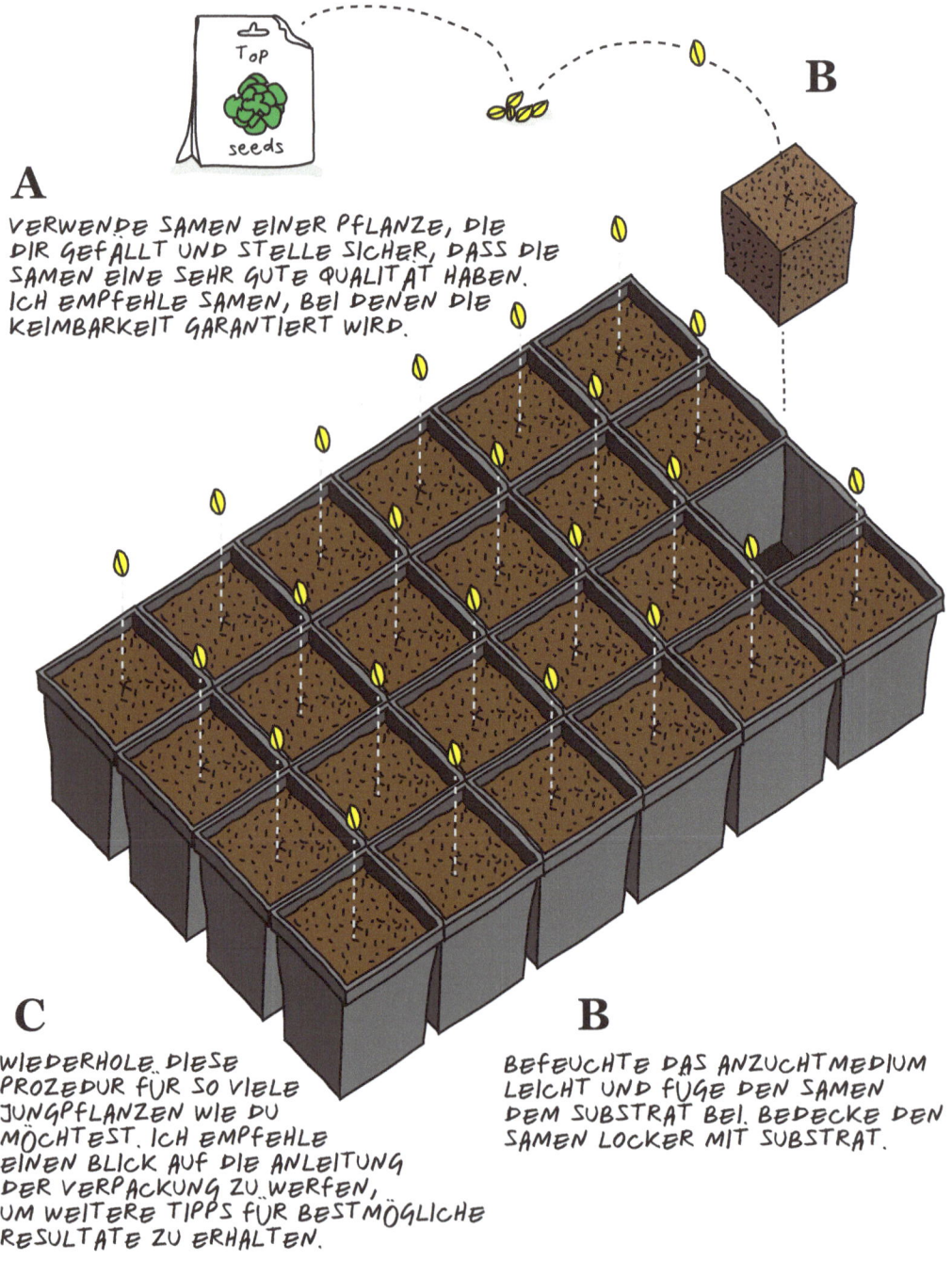

B

A

VERWENDE SAMEN EINER PFLANZE, DIE
DIR GEFÄLLT UND STELLE SICHER, DASS DIE
SAMEN EINE SEHR GUTE QUALITÄT HABEN.
ICH EMPFEHLE SAMEN, BEI DENEN DIE
KEIMBARKEIT GARANTIERT WIRD.

C

WIEDERHOLE DIESE
PROZEDUR FÜR SO VIELE
JUNGPFLANZEN WIE DU
MÖCHTEST. ICH EMPFEHLE
EINEN BLICK AUF DIE ANLEITUNG
DER VERPACKUNG ZU WERFEN,
UM WEITERE TIPPS FÜR BESTMÖGLICHE
RESULTATE ZU ERHALTEN.

B

BEFEUCHTE DAS ANZUCHTMEDIUM
LEICHT UND FÜGE DEN SAMEN
DEM SUBSTRAT BEI. BEDECKE DEN
SAMEN LOCKER MIT SUBSTRAT.

D

PLATZIERE DEN ANZUCHTBEHÄLTER
IN DAS KLEINE GEWÄCHSHAUS UND
BESPRÜHE DIE WÜRFEL LEICHT
MIT WASSER, UM SIE
MÖGLICHST FEUCHT ZU
HALTEN.

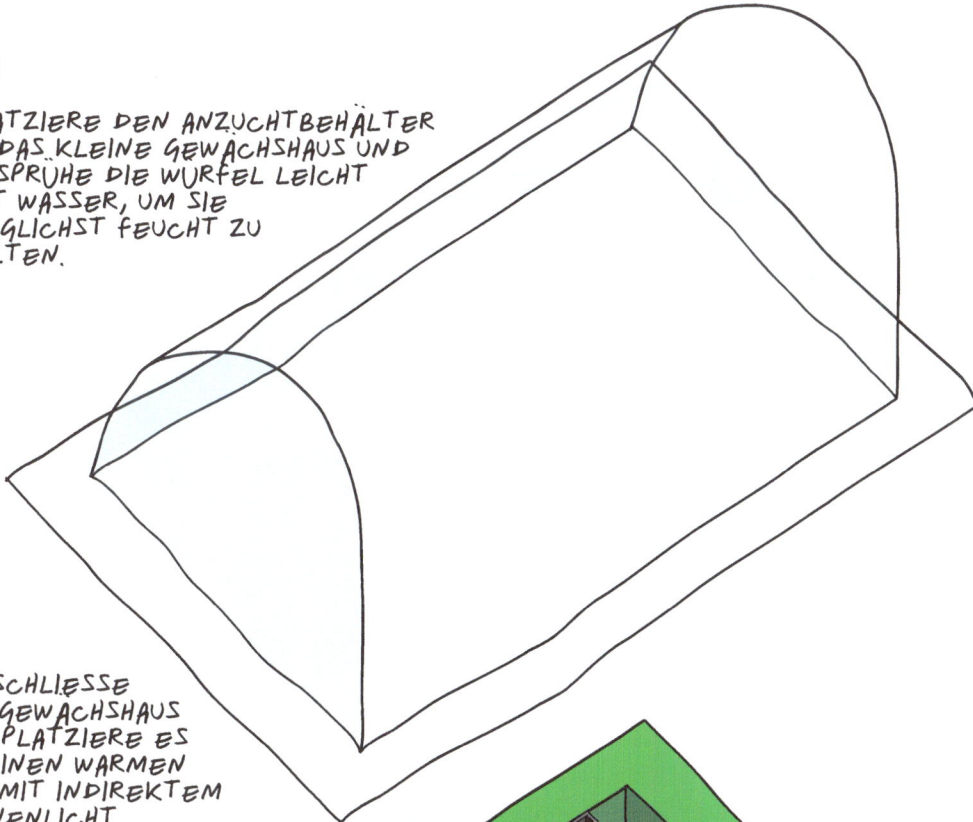

E

VERSCHLIESSE
DAS GEWÄCHSHAUS
UND PLATZIERE ES
AN EINEN WARMEN
ORT MIT INDIREKTEM
SONNENLICHT.

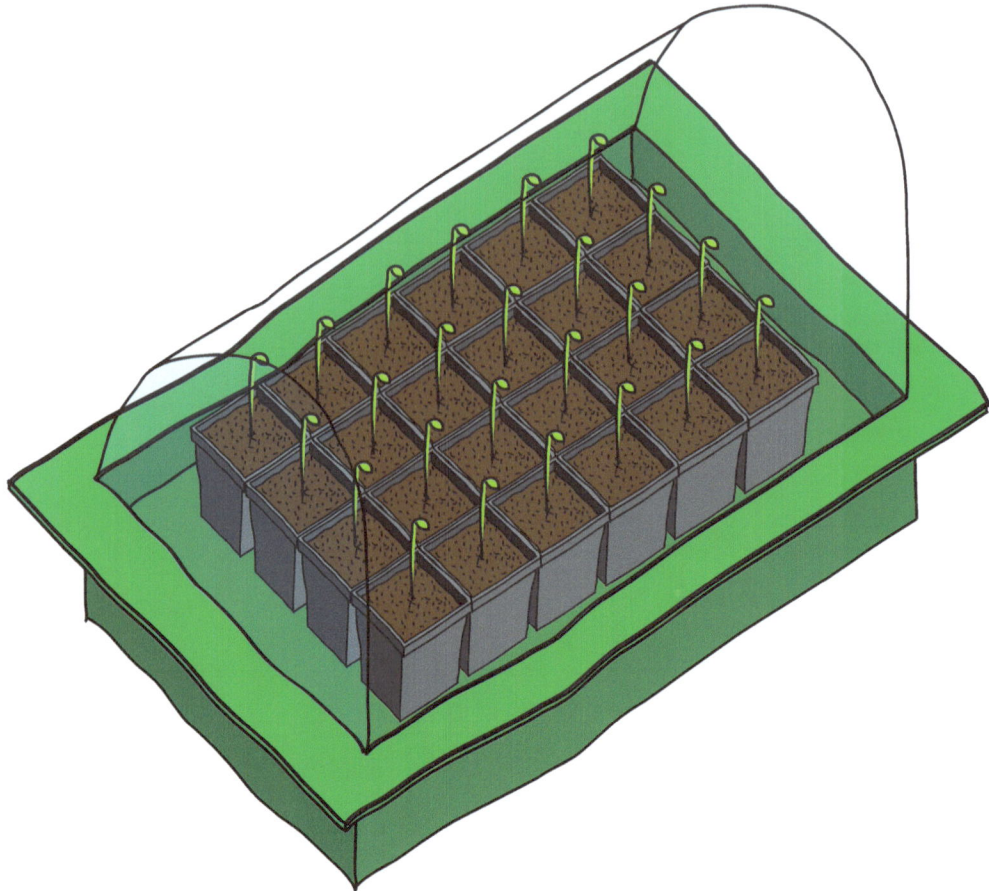

F

NACH EIN PAAR TAGEN WERDEN DIE
ERSTEN SAMEN KEIMEN. ALLES WAS
DU JETZT TUN MUSST, IST DAS GEWÄCHSHAUS
FEUCHT UND WARM ZU HALTEN.

G

SOBALD DIE SAMEN ZU KLEINEN JUNGPFLANZEN MIT EIN ODER ZWEI BLÄTTERN WERDEN, WIRD ES ZEIT, SIE IN UNSER HYDROPONIKSYSTEM EINZUSETZEN. HEBE DEN SETZLING UND DEN SUBSTRATWÜRFEL VORSICHTIG AN. ACHTE DABEI DARAUF, DIE WURZELN NICHT ZU BESCHÄDIGEN.

H

PLATZIERE JEDE DER JUNGPFLANZEN IN EINEN NETZTOPF UND FÜLLE DIE LÜCKEN MIT HYDROTON AUF. STELLE SICHER, DASS DAS SUBSTRAT FEUCHT GEHALTEN WIRD, BIS DIE WURZELN DAS WASSER ERREICHEN. GLÜCKWUNSCH — ES WÄCHST NUN EINE NEUE PFLANZE.

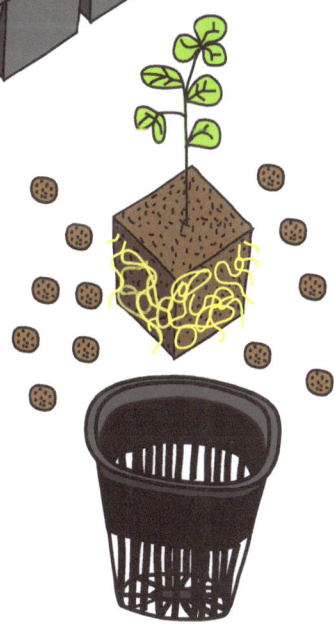

KLONEN

ES GIBT VIELE WEGE, PFLANZEN ZU ZÜCHTEN UND KLONEN IST EINE DER EFFEKTIVSTEN METHODEN ÜBERHAUPT. DU KANNST EINE MENGE ZEIT SPAREN, INDEM DU EINFACH EINE PFLANZE DEINER WAHL KOPIERST, OHNE ERST DIE SAMEN AUSZUSÄHEN UND AUF JUNGPFLANZEN ZU WARTEN. EINE PFLANZE ZU KLONEN IST ZIEMLICH EINFACH. DAS BRAUCHST DU DAZU:

WURZELHORMON,
UM DIE WURZELENTWICKLUNG
ZU BESCHLEUNIGEN.

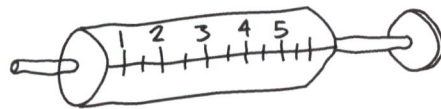

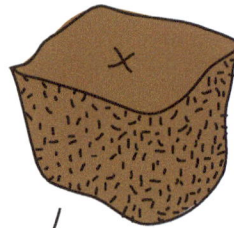

wurzel-
Hormon

1 2 3 4 5

x

EIN ANZUCHTSUBSTRAT,
DAS ES DEM ZWEIG
ERMÖGLICHT, WURZELN
ZU BILDEN.

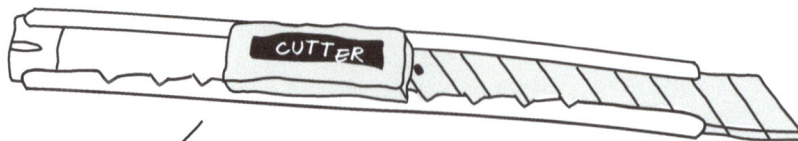

CUTTER

EINE SCHARFE, STERILE KLINGE, MIT DER MAN
DEN AST VON DER ZU KLONENDEN PFLANZE
ABSCHNEIDET.

VORGEHENSWEISE

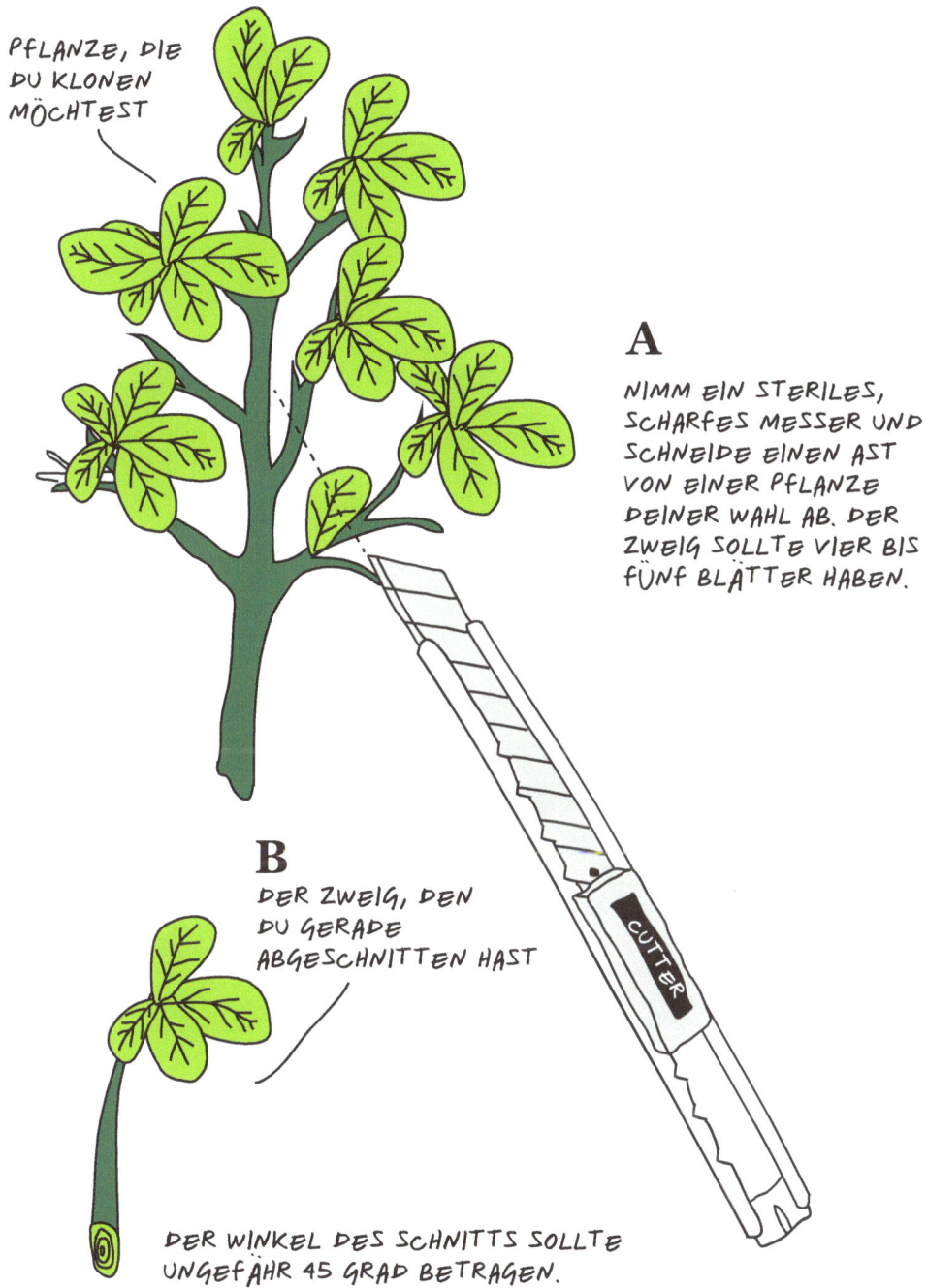

PFLANZE, DIE
DU KLONEN
MÖCHTEST

A

NIMM EIN STERILES,
SCHARFES MESSER UND
SCHNEIDE EINEN AST
VON EINER PFLANZE
DEINER WAHL AB. DER
ZWEIG SOLLTE VIER BIS
FÜNF BLÄTTER HABEN.

B

DER ZWEIG, DEN
DU GERADE
ABGESCHNITTEN HAST

CUTTER

DER WINKEL DES SCHNITTS SOLLTE
UNGEFÄHR 45 GRAD BETRAGEN.

PLATZIERE EINEN
ZUSÄTZLICHEN SCHNITT,
UM EIN
GEFÄSSVERSCHLUSS
(EMBOLIE)
ZU VERHINDERN.

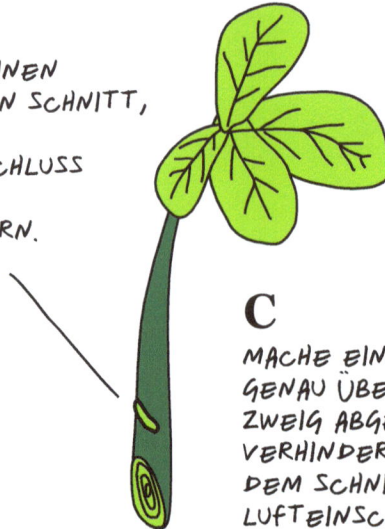

C

MACHE EINEN VORSICHTIGEN SCHNITT
GENAU ÜBER DER STELLE, AN DER
ZWEIG ABGESCHNITTEN WURDE. DAS
VERHINDERT EINE EMBOLIE, DA NACH
DEM SCHNITT EVENTUELL NOCH
LUFTEINSCHLÜSSE EXISTIEREN.
MIT HILFE DES ZWEITEN SCHNITTES
KANN DIE RESTLICHE LUFT ENTWEICHEN.

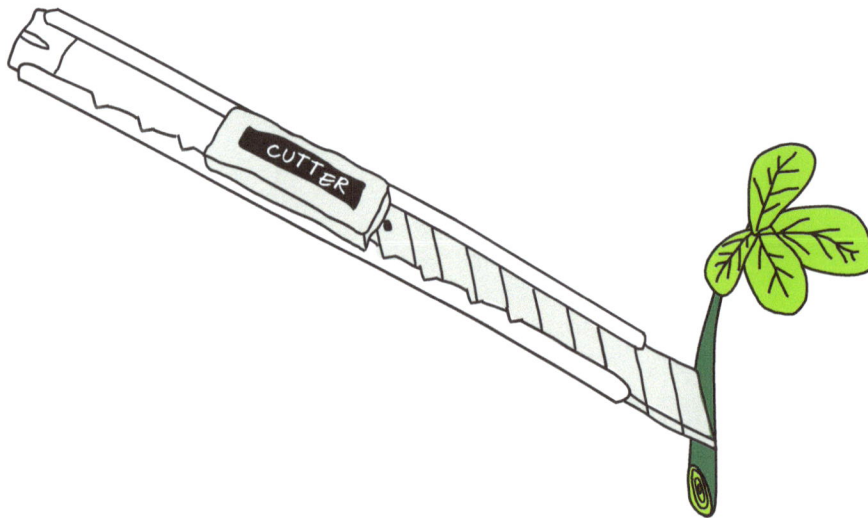

CUTTER

D

ENTNIMM MIT HILfe EINER STERILEN
SPRITZE DIE HORMONFLÜSSIGKEIT.

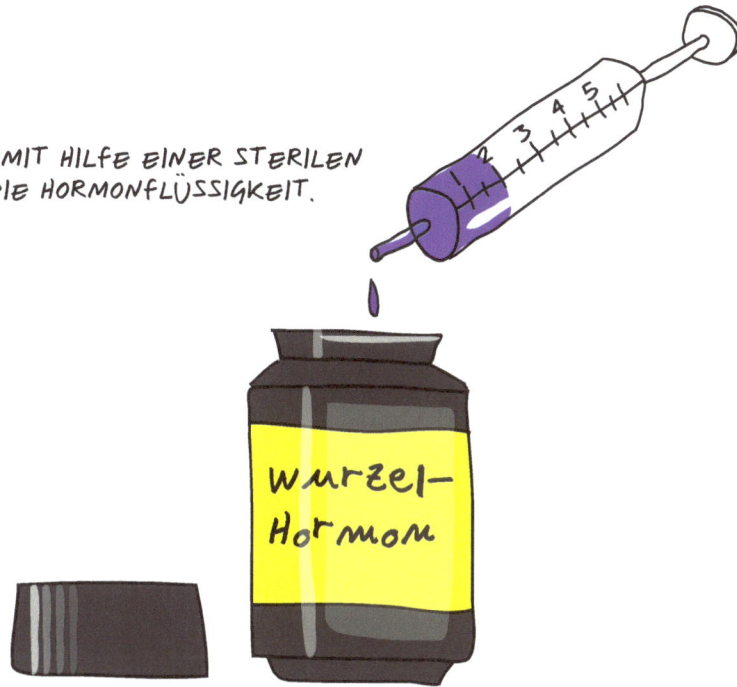

wurzel-
Hormom

F

NIMM EINEN
KLEINEN TELLER
UND VERTEILE DIE
HORMONFLÜSSIGKEIT
DARAUF.

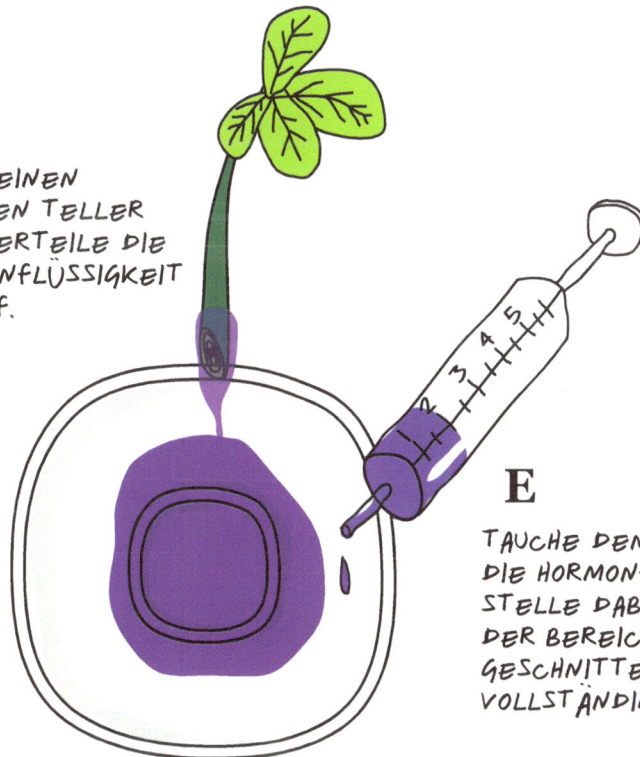

E

TAUCHE DEN ZWEIG IN
DIE HORMONFLÜSSIGKEIT.
STELLE DABEI SICHER, DASS
DER BEREICH, AN DEM
GESCHNITTEN WURDE,
VOLLSTÄNDIG BEDECKT IST.

ZUSCHNITT

WACHSTUMSHORMON

ANZUCHT MEDIUM

G

JETZT KANNST DU
DEN ZWEIG IN EINEN
ANGEFEUCHTETEN
ANZUCHTWÜRFEL
EINSETZEN.

H

PLATZIERE DIE PFLANZE JETZT
AN EINEM WARMEN FEUCHTEN
ORT MIT INDIREKTEM
SONNENLICHT, BIS DIE WURZELN
AUS DEM ANZUCHTWÜRFEL
WACHSEN. DU KANNST DIE PFLANZE
AUCH IN EINEM KLEINEN
GEWÄCHSHAUS UNTERBRINGEN, UM
EINE GLEICHBLEIBENDE
LUFTFEUCHTIGKEIT ZU ERHALTEN.
BESPRÜHE DEN ANZUCHTWÜRFEL
VON ZEIT ZU ZEIT MIT WASSER,
UM IHN FEUCHT ZU HALTEN.
SOBALD DIE PFLANZE ANFÄNGT
ZU WACHSEN, KANNST DU SIE
NACH UND NACH STÄRKEREM
SONNENLICHT AUSSETZEN.

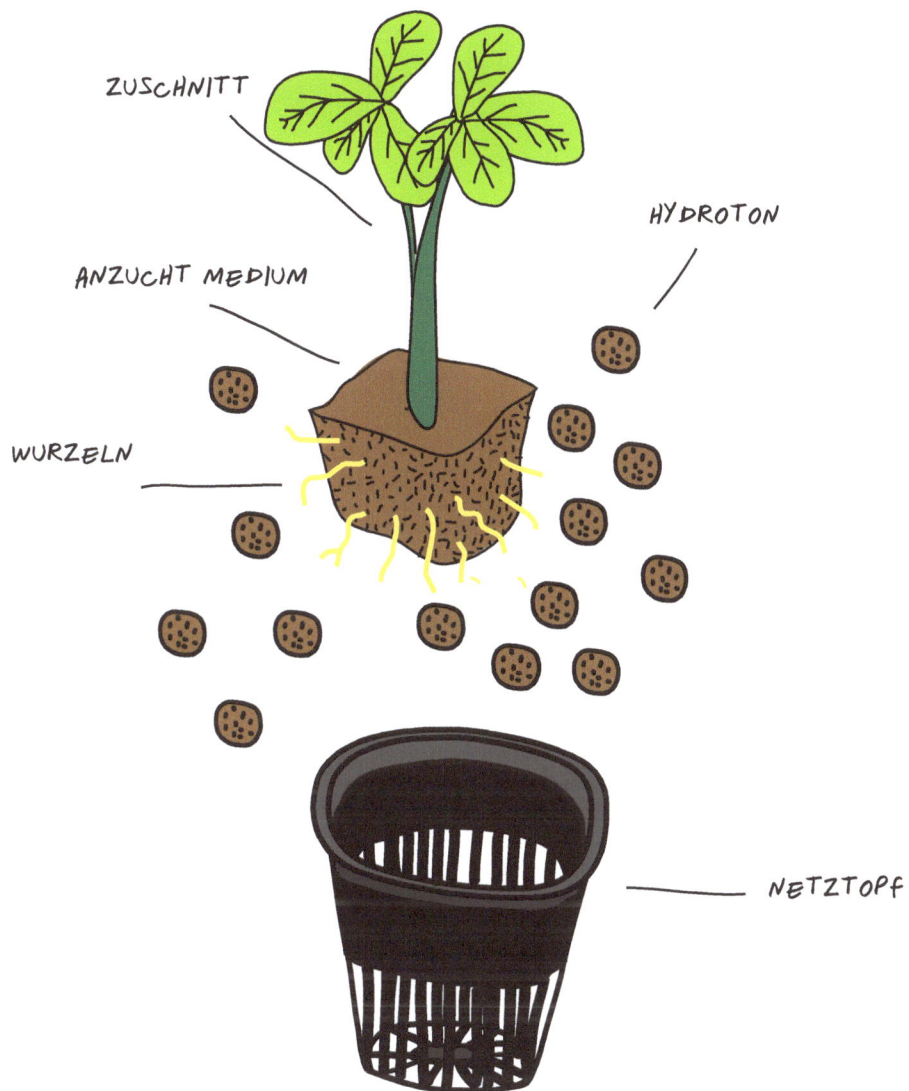

ZUSCHNITT

HYDROTON

ANZUCHT MEDIUM

WURZELN

NETZTOPF

I

JETZT KANNST DU DEN ZWEIG
IN EINEN ANGEFEUCHTETEN
ANZUCHTWÜRFEL EINSETZEN.

2

FINDE DIE RICHTIGEN BEHÄLTER

DAMIT DIE PFLANZEN IN UNSEREM HYDROPONIKSYSTEM WACHSEN, BRAUCHEN WIR EINEN BEHÄLTER. UM DIE SACHE ZU ERLEICHTERN, SCHLAGE ICH DIE TROFAST BOXEN VON IKEA VOR. WARUM? SIE SIND FARBENFROH, GÜNSTIG UND IN VERSCHIEDENEN GRÖSSEN ERHÄLTLICH. FÜR DIE BOXEN SIND AUSSERDEM PASSENDE WEISSE DECKEL ERHÄLTLICH, DIE EINFALLENDES LICHT REFLEKTIEREN. MAN KANN DIE LÖCHER FÜR DIE NETZTÖPFE EINFACH IN DEN DECKEL BOHREN. ZU GUTER LETZT IST DAS VON IKEA HERGESTELLTE PLASTIK FREI VON BPA.

501.158.62

ICH BEVORZUGE DIE FARBIGEN TROFAST BEHÄLTER,
DA DIESE DAS LICHT BESSER ABHALTEN UND DADURCH
DIE BILDUNG VON ALGEN VERHINDERN. AUCH ALGEN MÖGEN
DEN DÜNGER. DIESER IST ABER NUR FÜR DIE IM SYSTEM
EINGESETZTEN PFLANZEN GEDACHT.

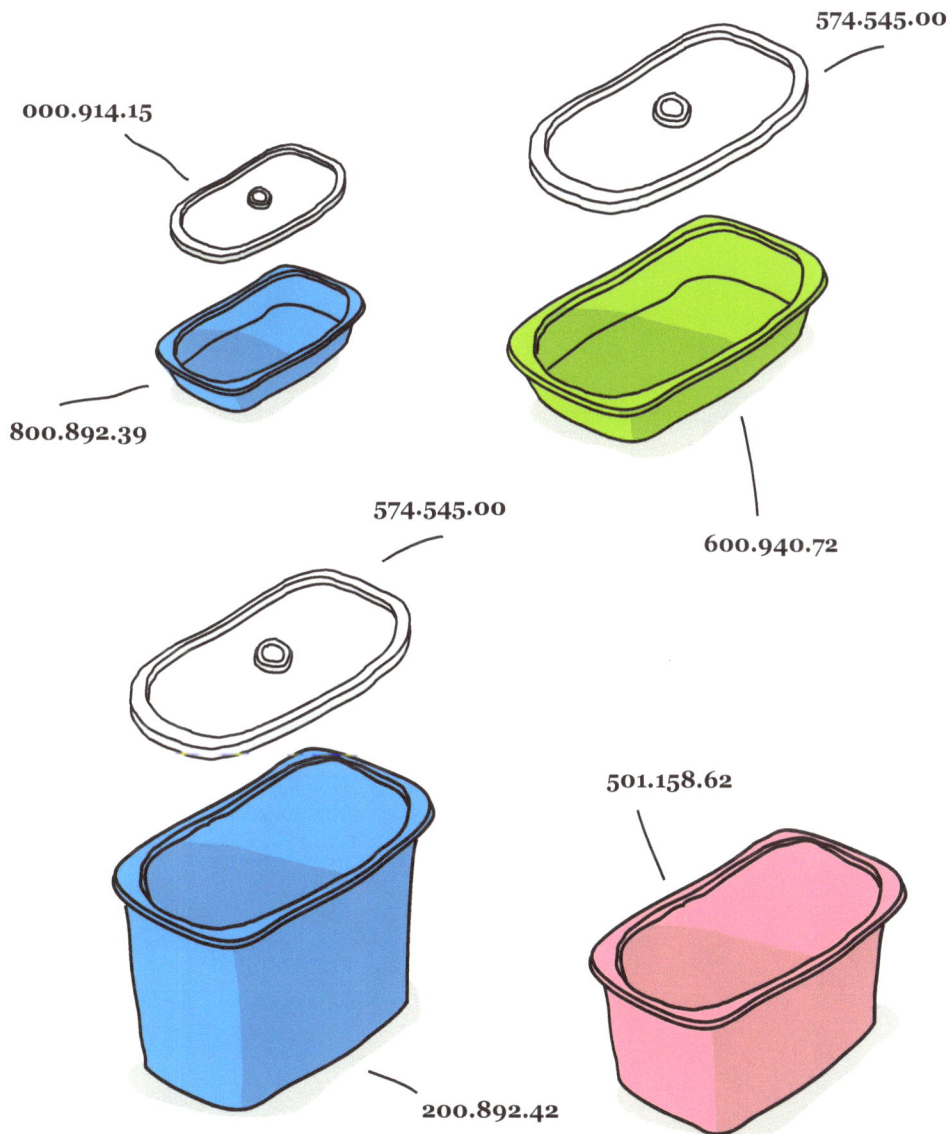

574.545.00

000.914.15

800.892.39

600.940.72

574.545.00

501.158.62

200.892.42

UM DEN VERFÜGBAREN PLATZ SO GUT WIE MÖGLICH
AUSZUNUTZEN, EMPFEHLE ICH ACHT NETZTÖPFE IN JEDEN
BEHÄLTER EINZUSETZEN. DU KANNST DEN PFLANZEN JE NACH
ART ABER AUCH ETWAS MEHR RAUM GEBEN. STELLE SICHER, DASS
DU WEISST, WIE VIEL PLATZ DIE VERWENDETEN PFLANZEN ZUM
WACHSEN BRAUCHEN. DU KANNST DIE PFLANZEN JEDERZEIT
UMTOPFEN, WENN SIE ZU GROSS FÜR DEN AKTUELL
VERWENDETEN BEHÄLTER WERDEN.

EIN EINZELNES
LOCH FÜR EINEN
PFLANZENTOPF

27.5

18.5

20

1

14

2

14

8

4

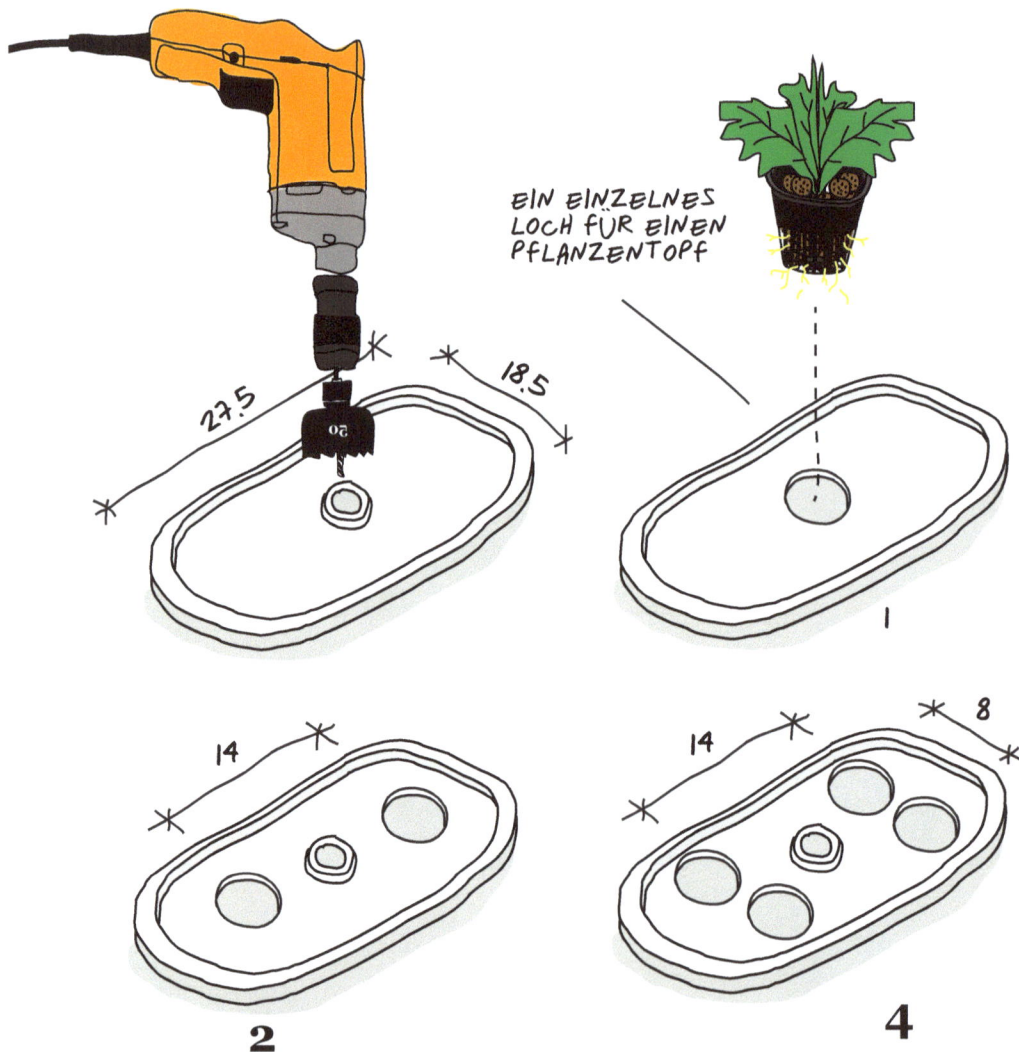

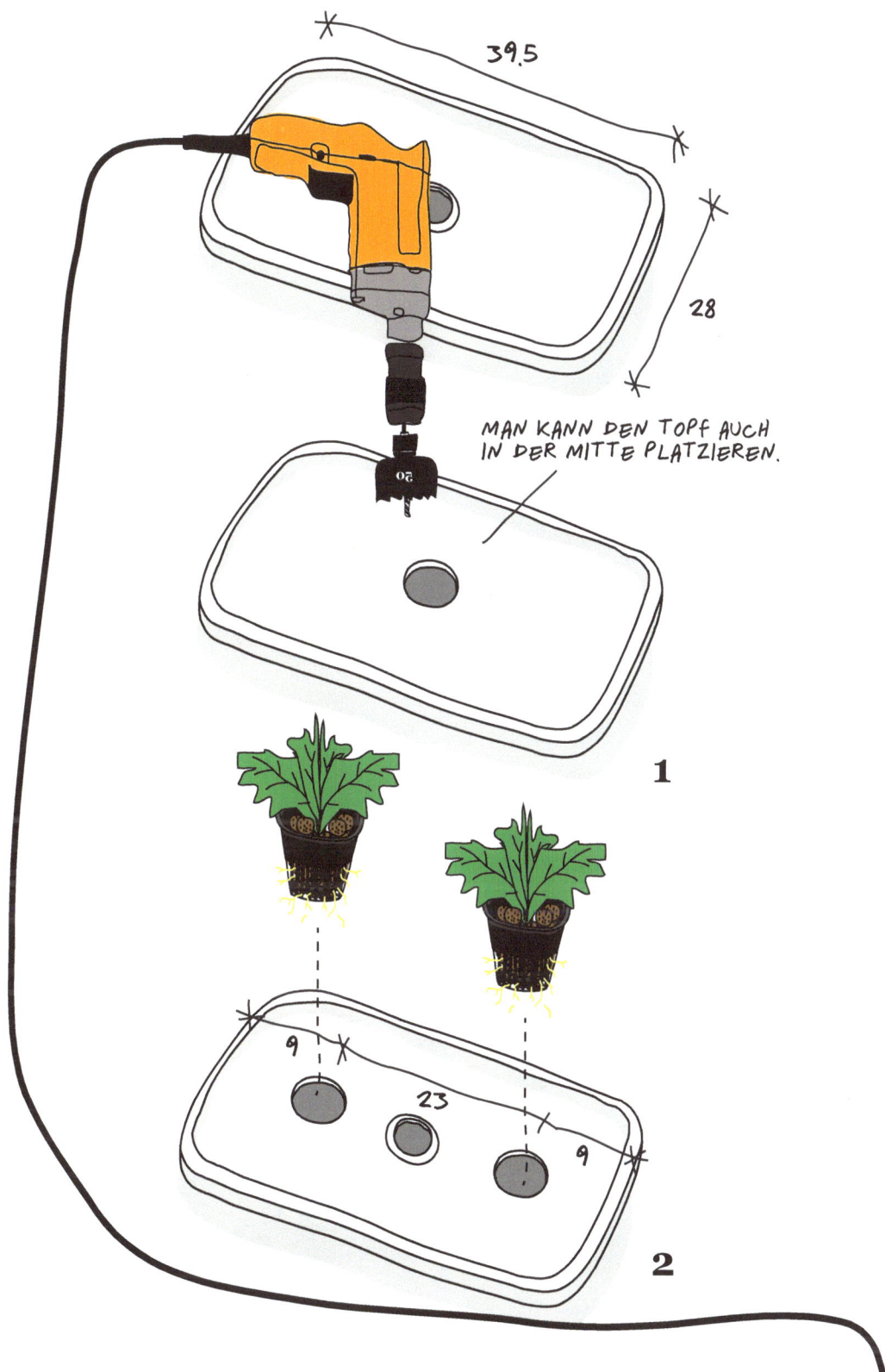

39.5

28

MAN KANN DEN TOPF AUCH
IN DER MITTE PLATZIEREN.

1

9   23   9

2

39

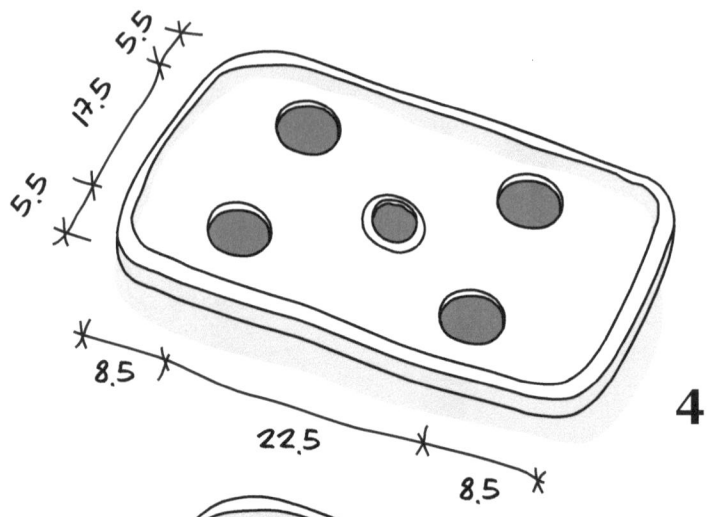

4

5.5 5.5
17.5
5.5
8.5
22.5
8.5

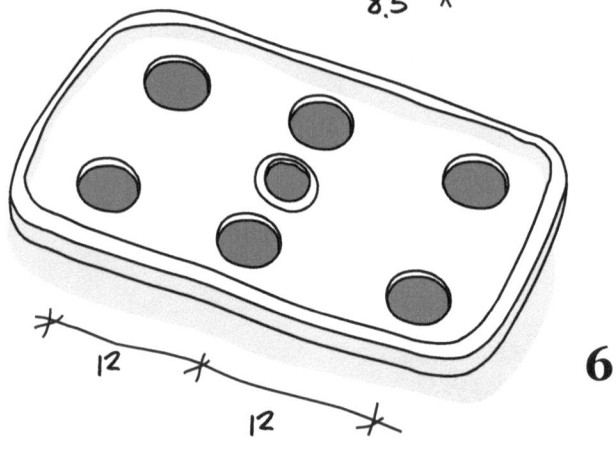

6

12
12

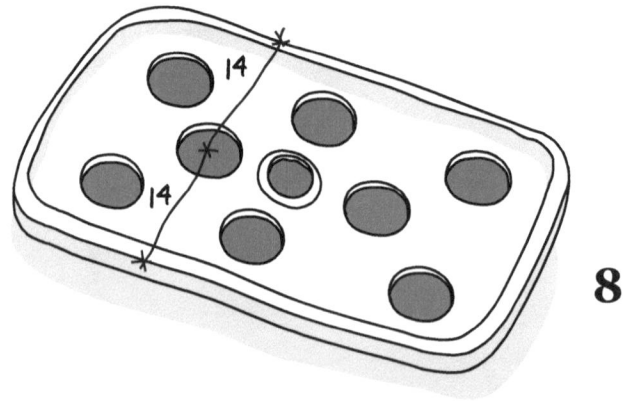

8

14
14

3

ERNÄHRE DIE PFLANZEN AKA DÜNGEN!

DIE PFLANZENERNÄHRUNG ÜBERNIMMT ÜBLICHERWEISE DER DÜNGER. DÜNGER BESTEHEN AUS PUREN ELEMENTEN, AUCH MAKRONÄHRSTOFFE GENANNT, DIE IN WASSER AUFGELÖST WERDEN. ES GIBT SEHR VIELE VERSCHIEDENE SORTEN ZU KAUFEN. MAN KANN DÜNGER ABER AUCH SELBST HERSTELLEN. IM SINNE DES BUCHES EMPFEHLE ICH DIR, EINEN DÜNGER MIT DER BESTMÖGLICHEN QUALITÄT ZU KAUFEN. FRAGE IN DER GARTENABTEILUNG EINES BAUMARKTES NACH "DÜNGER FÜR HYDROKULTURSYSTEME" UND DU SOLLTEST ZUM RICHTIGEN PRODUKT GEFÜHRT WERDEN. IM INTERNET FINDEST DU VIELE WEITERE OPTIONEN UND ANLEITUNGEN FÜR DIYER. SEI DIR BITTE BEWUSST, DASS DIE MEISTEN DÜNGER AUF DIE VERWENDUNG IN WEICHEM WASSER AUSGELEGT SIND. WEICHES WASSER BEDEUTET, DASS EIN NIEDRIGER PROZENTSATZ AN MINERALIEN ENTHALTEN IST. DAS IST DIE ART VON WASSER, DIE MAN IN STÄDTEN AM HÄUFIGSTEN FINDET. ES GIBT AUCH DÜNGER, DIR AUF HARTES WASSER ABGESTIMMT SIND. WENN DU DIR NICHT SICHER BIST, FRAGE EINFACH BEI DEINEM WASSERVERSORGER NACH, OB ES IN DEINER REGION HARTES ODER WEICHES WASSER GIBT. SOBALD DU DAS WEISST, KANNST DU DEN RICHTIGEN DÜNGER KAUFEN. ICH GEHE DAVON AUS, DASS DIR AUCH EIN LOKALES BLUMEN-
GESCHÄFT SAGEN KANN, WELCHER WASSERHÄRTEGRAD IN DEINER GEGEND ANZUTREFFEN IST.

MAKRO- UND MIKRONÄHRSTOFFE

PFLANZEN BEKOMMEN IHRE NAHRUNG VON MAKRO- UND MIKRONÄHRSTOFFEN. MAKRONÄHRSTOFFE WERDEN IN GROSSEN MENGEN AUFGENOMMEN, MIKRONÄHRSTOFFE HINGEGEN WERDEN NUR IN KLEINEN MENGEN ABSORBIERT.

MAKRONÄHRSTOFFE sind:

N   STICKSTOFF
P   PHOSPHOR
K   KALIUM

MIKRONÄHRSTOFFE:

Ca   CALCIUM
S   SCHWEFEL
Fe   EISEN
Mg   MAGNESIUM
B   BOR
Mn   MANGAN
Zn   ZINK
Mo   MOLYBDÄN
Cu   KUPFER
Co   KOBALT

DIE ZUSAMMENSETZUNG UND DER GIFTGEHALT DIESER ELEMENTE AUF MAKRO-/MIKROEBENE BEEINFLUSST NICHT NUR DEN ZUSTAND DER PFLANZE, SONDERN KANN SOGAR DEREN GESCHMACK VERÄNDERN. ICH EMPFEHLE WEITERE DETAILS HIERZU IM INTERNET NACHZUSEHEN, DA DIE ZUR VERFÜGUNG STEHENDE LITERATUR SEHR UMFASSEND IST. BEACHTE BITTE, DASS DIE MEISTEN HEUTZUTAGE VERKAUFTEN NÄHRSTOFFZUSAMMENSETZUNGEN AUSSCHLIESSLICH MAKRONÄHRSTOFFE ENTHALTEN. ES GIBT JEDOCH EINIGE WEGE, DEN PFLANZEN AUCH MIKRONÄHRSTOFFE ZUR VERFÜGUNG ZU STELLEN. AUCH FÜR DIESE TECHNIKEN EMPFEHLE ICH WEITERE DETAILS NACHZUSCHLAGEN UND EIN WENIG SELBST ZU RECHERCHIEREN. DIESE TECHNIKEN AUSFÜHRLICH ZU ERLÄUTERN IST NICHT DAS ZIEL DIESER ANLEITUNG. ES FOLGEN NUN KURZ EINIGE BEISPIELE.

ORGANISCHER DÜNGER

ES GIBT EINIGE WEGE, WIE MAN ORGANISCHEN DÜNGER
HERSTELLEN KANN. HIER SIND ZWEI BEISPIELE:

TEE KOMPOSTIEREN

A

FÜLLE DEN EIMER MIT WASSER
UND FÜGE ETWAS KOMPOST HINZU.
VERRÜHRE DIE MIXTUR.

EIMER

KOMPOST

B

LASS DAS GEMISCH EINIGE TAGE RUHEN.
RÜHRE ES AB UND ZU UM.

C

FÜLLE DIE MIXTUR IN EINEN ZWEITEN
EIMER UM. VERWENDE EIN ALTES T-SHIRT
ALS SIEB, UM DIE VERBLEIBENDEN FESTEN
BESTANDTEILE ZU ENTFERNEN.

D

DEIN ORGANISCHER DÜNGER
IST NUN FERTIG.

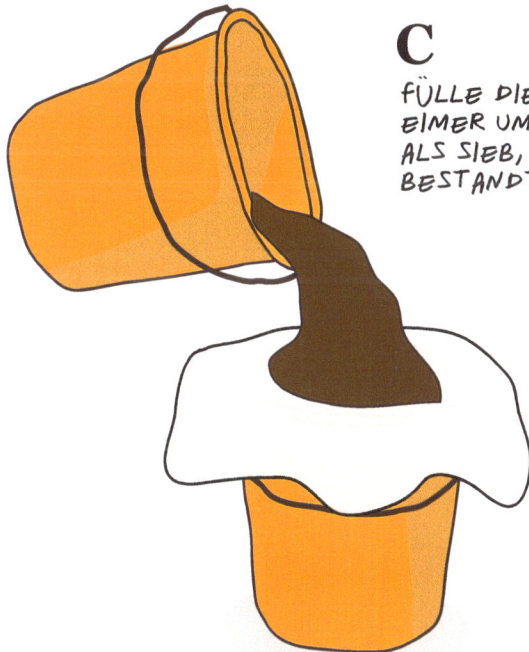

Menschlicher

URIN

JA, DU LIEST RICHTIG. NORMALERWEISE VERWENDET MAN FÜR DIE AQUA-
PONIK GENANNTE METHODE FISCHURIN. ES IST EIN GESCHLOSSENER KREIS-
LAUF: DIE FISCHE DÜNGEN DAS WASSER FÜR DIE PFLANZEN UND DIE
PFLANZEN REINIGEN ES, DAMIT DIE FISCHE DARIN LEBEN KÖNNEN.
DIESE METHODE WIRD ÜBLICHERWEISE ZUR GLEICHZEITIGEN AUFZUCHT
VON FISCHEN UND PFLANZEN VERWENDET. AUS REIN CHEMISCHER SICHT
IST FISCHURIN MIT MENSCHLICHEM URIN IDENTISCH. ER MUSS NATÜRLICH
VERDÜNNT WERDEN, WEIL ER ANSONSTEN DIE PFLANZEN "VERBRENNT".
HIER ALSO EINE EMPFEHLUNG, DIE MAN AUF WIKIPEDIA FINDEN KANN:

"Wenn man Urin mit Wasser verdünnt (im Verhältnis 1:5 für behälterbasierende Aufzucht mit frischem
Anzuchtmedium in jeder Saison, oder 1:8 für allgemeine Anzucht) kann man diesen direkt als Dünger
verwenden. Man ist sich einig, dass die Düngewirkung von Urin mit der von kommerziellen Produkten mit
identischen Inhaltsstoffen vergleichbar ist."

http://en.wikipedia.org/wiki/Urine#Agriculture

ICH MACHE MIR DURCH
DIESES KONZEPT
BEWUSST, DASS DAS
SPRICHWORT "DU BIST
WAS DU ISST." WIRKLICH
STIMMT UND ES IN DER
NATUR KEINEN ABFALL
GIBT. ES GIBT ZU
DIESEM THEMA VIELE
ARTIKEL, DIE ICH DIR
EMPFEHLEN MÖCHTE:

S. A. Esray, I. Anderson, A. Hillers, R. Sawyer, *Closing the Loop. Ecological Sanitation for Food Security*.
Publications on Water Resources No. 18, Mexiko 2001.

H. Jonsson, *Guidelines on the Use of Urine and Feces in Crop Production*.
EcoSanRes Publications Series, Report 2004-2. Stockholm Environment Institute; Stockholm, Schweden.
ERHÄLTLICH BEI WWW.ECOSANRES.ORG.

R. Gensch, A. Miso, G. Itchon, *Urine as Liquid Fertilizer in Agricultural Production in the Philippines*.
A Practical Field Guide, Xavier University Press, 2011.

ZU EINER AQUARIUMLUFTPUMPE GEHÖREN DREI BESTANDTEILE:
DIE PUMPE SELBST (NORMALERWEISE IM WASSER), EIN SCHLAUCH,
DER DIE LUFT VON DER PUMPE VERTEILT UND EIN "STEIN", DER
DEN SCHLAUCH AM BODEN DES WASSERBEHÄLTERS HÄLT UND KLEINE
LUFTBLASCHEN ABGIBT.

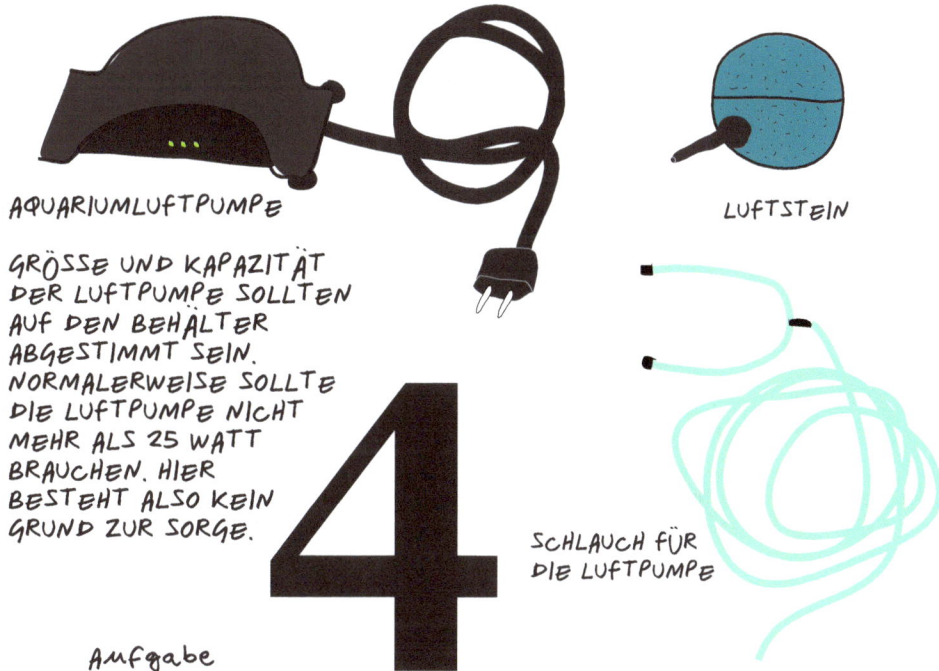

AQUARIUMLUFTPUMPE

LUFTSTEIN

GRÖSSE UND KAPAZITÄT
DER LUFTPUMPE SOLLTEN
AUF DEN BEHÄLTER
ABGESTIMMT SEIN.
NORMALERWEISE SOLLTE
DIE LUFTPUMPE NICHT
MEHR ALS 25 WATT
BRAUCHEN. HIER
BESTEHT ALSO KEIN
GRUND ZUR SORGE.

4

SCHLAUCH FÜR
DIE LUFTPUMPE

Aufgabe

VERSORGE DIE WURZELN MIT SAUERSTOFF

MAN KANN PFLANZEN AUF GANZ UNTERSCHIEDLICHE ARTEN MIT
SAUERSTOFF VERSORGEN. IN DEN MEISTEN FÄLLEN VERWENDET
MAN FÜR HYDROKULTURSYSTEME LUFTPUMPEN, WIE MAN SIE AUCH
FÜR AQUARIEN NUTZT. AUCH FISCHE BRAUCHEN SCHLIESSLICH
SAUERSTOFF.

ES GIBT VIELE VERSCHIEDENE MÖGLICHKEITEN, WIE
SAUERSTOFF ZU DEN WURZELN GELANGT. ICH WERDE HIER NUR
EINIGE DAVON ANSPRECHEN. DIE FILMTECHNIK NUTZT EINEN
DÜNNEN WASSERZUFLUSS (DEN FILM), DAMIT DIE WURZELN DIE
NOTWENDIGEN NÄHRSTOFFE BEKOMMEN. BEI DER AEROPONIK
WERDEN WASSER UND NÄHRSTOFFE VERDAMPFT UND DIREKT
VON DEN WURZELN AUFGENOMMEN. AUSSERDEM GIBT ES
VERTIKALE GARTENSYSTEME, BEI DEN PFLANZEN IN
TRÖPFCHENFORM ERNÄHRT WERDEN. DAS ÜBERSCHÜSSIGE
WASSER WIRD AM BODEN GESAMMELT UND MANCHMAL ZURÜCK IN
DAS OBERE RESERVOIR GEPUMPT. IN DIESEM SYSTEM WIRD IM
BEHÄLTER ENTWEDER HYDROTON ODER EIN SPEZIELLER
SCHWAMM VERWENDET, UM DIE PFLANZEN FEUCHT ZU HALTEN
UND SO SAUERSTOFF ZU LIEFERN.

MÖGLICHKEIT (A)
EINE AQUARIUMLUFTPUMPE BENUTZEN

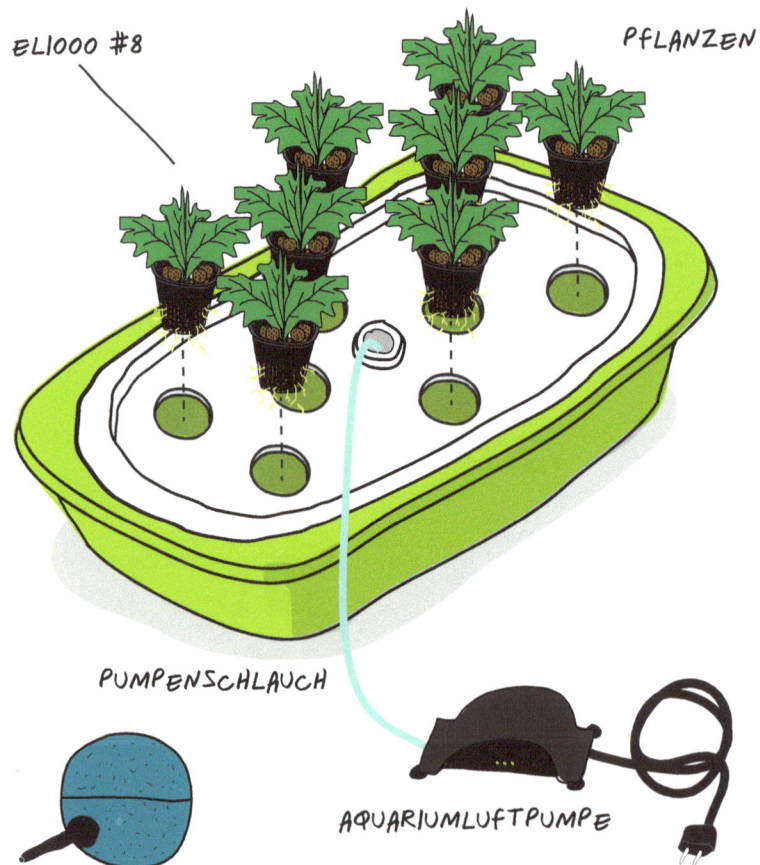

ELI000 #8

PFLANZEN

PUMPENSCHLAUCH

AQUARIUMLUFTPUMPE

DER LUFTSTEIN IST
AN DEN VON DER LUFT-
PUMPE KOMMENDEN
SCHLAUCH ANGESCHLOSSEN.

DIE AQUARIUMLUFTPUMPE
VERSORGT DAS WASSER MIT
SAUERSTOFF. DA ES VERDUNSTET,
MUSS MAN AB UND ZU NEUES WASSER
UND DÜNGER HINZUFÜGEN.

DAS GERÄT BRAUCHT STROM
FÜR DEN BETRIEB.

MÖGLICHKEIT (B)

TROPFSYSTEM

PLASTIKFLASCHE MIT DÜNGER.
DER DÜNGER WIRD MIT HILFE
EINES EINFACHEN KORKEN-
PRINZIPS FREIGESETZT UND
TROPFEN FÜR TROPFEN DEM
SYSTEM HINZUGEFÜGT.

PFLANZEN

TROFAST
BEHÄLTER

HYDROTON

BEREITS FREIGESETZTER DÜNGER

DAS DÜNGERHALTIGE WASSER WIRD NACH UND NACH FREIGESSETZT,
GERADE SO VIEL, DASS DER TON FEUCHT GEHALTEN
WERDEN KANN. DER EINZIGE PROBLEMATISCHE PUNKT AN
DIESEM SYSTEM IST, DASS DER TON IMMER FEUCHT GEHALTEN
WERDEN MUSS. WENN MAN DEN BEHÄLTER ALSO AN EINEM
SONNIGEN ORT PLATZIERT, KANN ES DURCHAUS SEIN, DASS
MAN DIE NÄHRSTOFFLÖSUNG ÖFTER NACHFÜLLEN MUSS, DA
SIE DAZU NEIGT ZU VERDUNSTEN.

MAN SOLLTE AUSSERDEM SICHERSTELLEN, DASS KEIN REGEN-
WASSER INS SYSTEM GELANGEN KANN, DA DIESES DIE NÄHR-
STOFFLÖSUNG VERDÜNNT.

Meine Leseempfehlung dazu:

R. Kourik, *Drip Irrigation for Every Landscape and All Climates*. Metamorphic Press, 2009.

MÖGLICHKEIT (B1)

TROPFSYSTEM

DAS NÄHRSTOFFHALTIGE WASSER TROPFT AUS EINER FLASCHE ODER EINEM RESERVOIR IN DIE ANDEREN BEHÄLTER.

ALS VERSCHLUSS FÜR DIE FLASCHE KANN MAN ENTWEDER EINEN NORMALEN PLASTIKDECKEL MIT EINEM LOCH ODER DEN DECKEL EINER BABYFLASCHE VERWENDEN.

ÜBERSCHÜSSIGE NÄHRSTOFFLÖSUNG WIRD ÜBER DEN SCHLAUCH NACH UNTEN TRANSPORTIERT UND GESPEICHERT.

DU MUSST SICHERSTELLEN, DASS DER SCHLAUCH NICHT VERSTOPFT. EIN GUT PLATZIERTER WIFFLEBALL KANN HIERBEI HELFEN.

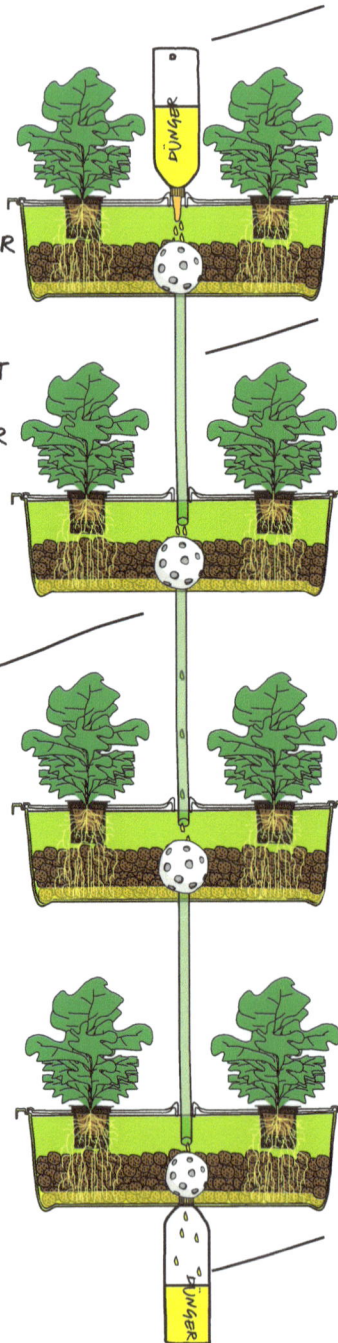

AM ENDE DES SYSTEMS WIRD EIN ZWEITES RESERVOIR PLATZIERT.

MÖGLICHKEIT (C)
ZIRKULIERENDES HYDROPONIKSYSTEM

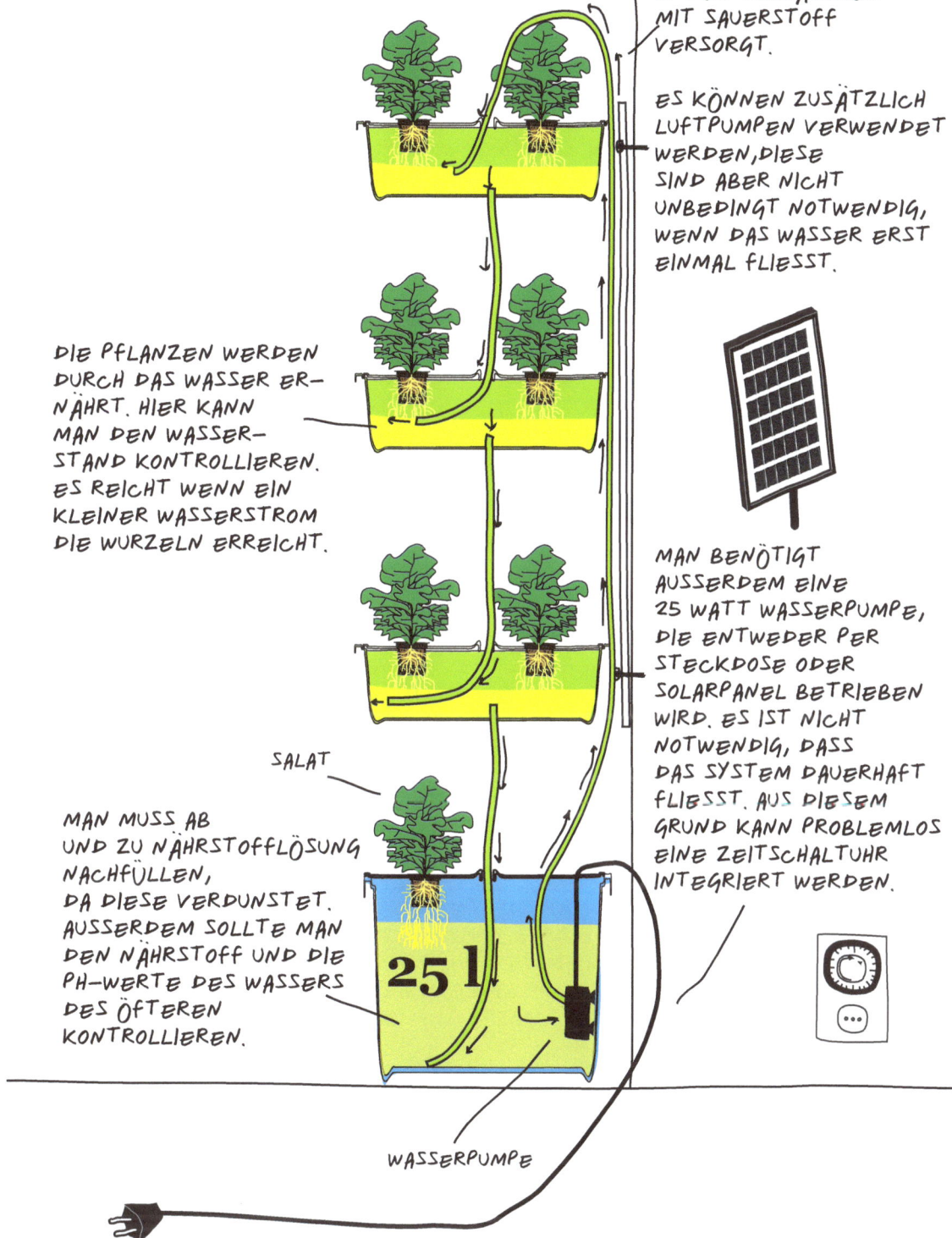

DAS WASSER WIRD DURCH DIE BEWEGUNG IN DEN SCHLÄUCHEN MIT SAUERSTOFF VERSORGT.

ES KÖNNEN ZUSÄTZLICH LUFTPUMPEN VERWENDET WERDEN, DIESE SIND ABER NICHT UNBEDINGT NOTWENDIG, WENN DAS WASSER ERST EINMAL FLIESST.

DIE PFLANZEN WERDEN DURCH DAS WASSER ER-NÄHRT. HIER KANN MAN DEN WASSER-STAND KONTROLLIEREN. ES REICHT WENN EIN KLEINER WASSERSTROM DIE WURZELN ERREICHT.

MAN BENÖTIGT AUSSERDEM EINE 25 WATT WASSERPUMPE, DIE ENTWEDER PER STECKDOSE ODER SOLARPANEL BETRIEBEN WIRD. ES IST NICHT NOTWENDIG, DASS DAS SYSTEM DAUERHAFT FLIESST. AUS DIESEM GRUND KANN PROBLEMLOS EINE ZEITSCHALTUHR INTEGRIERT WERDEN.

SALAT

MAN MUSS AB UND ZU NÄHRSTOFFLÖSUNG NACHFÜLLEN, DA DIESE VERDUNSTET. AUSSERDEM SOLLTE MAN DEN NÄHRSTOFF UND DIE PH-WERTE DES WASSERS DES ÖFTEREN KONTROLLIEREN.

25 l

WASSERPUMPE

49

NÄHRSTOFFKONZENTRATION UND PH-WERTE

BEI VERWENDUNG VON ZIRKULIERENDEN SYSTEMEN IST ES SEHR WICH-
TIG, DIE RICHTIGE NÄHRSTOFF-KONZENTRATION BEIZUBEHALTEN, DA
DIE NÄHRSTOFFLÖSUNG NACH UND NACH VERDÜNNT WIRD, WENN DIE
PFLANZEN WACHSEN. DER NÄHRSTOFFGEHALT WIRD IN PPM (PARTS PER
MILLION — ANTEIL JE MILLIONEN) ODER TDS (TOTAL DISSOLVED SOLIDS.
ANZAHL AUFGELÖSTER TEILCHEN GEMESSEN. DIES WIRD ALLGEMEIN
AUCH ALS ELEKTRISCHE LEITFÄHIGKEIT EINER LÖSUNG BEZEICHNET, DA
ES DIESER WERT IST, DEN MAN MISST.

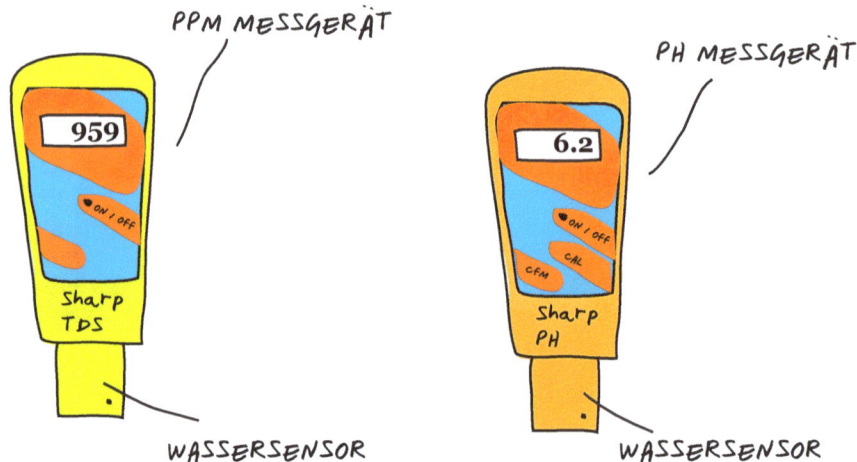

PPM MESSGERÄT

PH MESSGERÄT

959

6.2

ON / OFF

ON / OFF

CAL

CFM

Sharp
TDS

Sharp
PH

WASSERSENSOR

WASSERSENSOR

WENN DIE NÄHRSTOFFE NICHT ABSORBIERT WERDEN KÖNNEN,
IST DIES NICHT GUT FÜR DIE PFLANZE. DAS LIEGT VOR ALLEM
AM SÄUREANTEIL, DEM PH-WERT DER ERDE ODER DER
HYDROPONISCHEN LÖSUNG. DER PH-WERT WIRD AUF EINER SKALA
VON 0 BIS 14 GEMESSEN UND ZEIGT DIE KONZENTRATION VON
HYDRONIUM-IONEN. ANHAND DES PH-WERTS WIRD AUFGEZEIGT, OB
EINE CHEMISCHE LÖSUNG SAUER ODER BASISCH IST. WASSER WIRD
MIT EINEM PH-WERT VON 7 ALS NEUTRAL EINGEORDNET. BEIM
BETREIBEN EINER HYDROPONIKANLAGE SOLLTE MAN DEN PH-WERT
IMMER IM AUGE BEHALTEN. ER SOLLTE ZWISCHEN 6 - 6.5 LIEGEN.
UM DEM PH-WERT DER NÄHRSTOFFLÖSUNG ZU KORRIGIEREN, KANN
MAN EINE PH-KORREKTURLÖSUNG (SOGENANNTE PH UPPER ODER
PH DOWNER) VERWENDEN ODER EINFACH ALLE ZWEI WOCHEN DAS
WASSER IM RESERVOIR WECHSELN.

DAS NÜTZLICHSTE, BESTE UND INSPIRIERENSTE BUCH ZU DIESEM
SEHR VIELFÄLTIGEN THEMA, DAS ICH JEMALS GELESEN HABE, IST DIESES:

K. Roberto, *How-To Hydroponics. The Complete Guide to Building and Operating Your Own Indoor and Outdoor Hydroponic Gardens*. The Future Garden Press, New York, 2005.

AUCH ERHÄLTLICH BEI WWW.HOWTOHYDROPONICS.COM

MÖGLICHKEIT (D)

NICHTZIRKULIERENDES HYDROPONIKSYSTEM

MIT DIESEM NICHTZIRKULIERENDEN SYSTEM ENTWICKELT DIE
PFLANZE ZWEI VERSCHIEDENE ARTEN VON WURZELN. ANAEROBISCHE
WURZELN WACHSEN IM WASSER UND AEROBISCHE WURZELN WACHSEN
IN DER LUFT (DEM RAUM ZWISCHEN DECKEL UND NÄHRSTOFFLÖSUNG).
DIE PFLANZE WIRD NUR SO VIEL SAUERSTOFF VERWENDEN, WIE SIE
WIRKLICH BRAUCHT. DIESES SYSTEM BENÖTIGT KEINEN STROM, UM
DAS WASSER MIT SAUERSTOFF ZU VERSORGEN, WEIL DIE PFLANZE
AEROBISCHE WURZELN ENTWICKELT. DIESES KONZEPT WURDE DURCH
DIE UNIVERSITÄT HAWAII PATENTIERT.

U.S. Patents 5.385.589 and 5.533.299

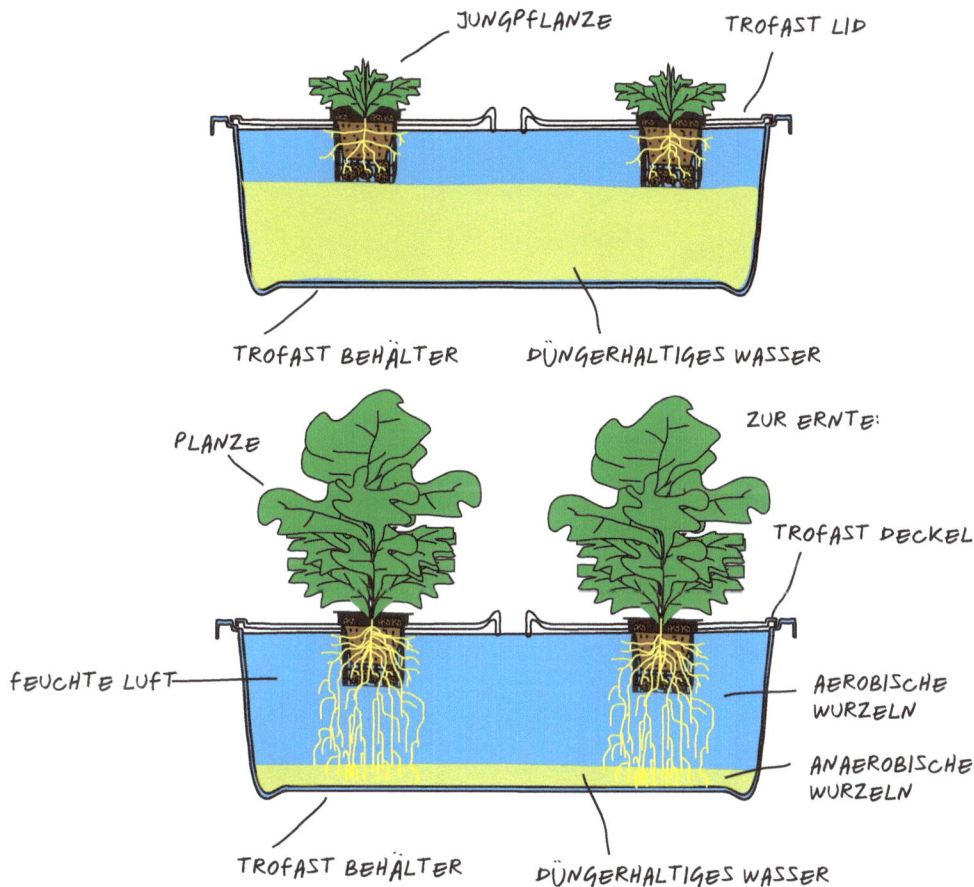

JUNGPFLANZE   TROFAST LID

TROFAST BEHÄLTER   DÜNGERHALTIGES WASSER

PLANZE   ZUR ERNTE:

TROFAST DECKEL

FEUCHTE LUFT

AEROBISCHE WURZELN

ANAEROBISCHE WURZELN

TROFAST BEHÄLTER   DÜNGERHALTIGES WASSER

ICH EMPFEHLE HIERZU FOLGENDE QUELLEN:

B.A. Kratky, *Three Non-cyrculating Hydroponic Methods For Growing Lettuce.*
T. M. Cadle, *The Secret Of Non-circulating Hydroponics. A Proven Method Of Hydroponic Growing Without The High Cost.*

↖ BEI ITUNES ERHÄLTLICH

NICHTZIRKULIERENDE HYDROPONIKSYSTEME: ZEIT- UND PLATZBEDARF

PFLANZEN VERSCHIEDENER ARTEN HABEN UNTERSCHIEDLICHE ANFORDERUNGEN AN DIE MENGE AN NÄHRSTOFFHALTIGEM WASSER, DIE SIE ZUM WACHSEN BENÖTIGEN. HIER EIN BEISPIEL:

SALAT: 4 LITER
ZEIT BIS ZUR ERNTE: 30 TAGE

TOMATEN: 24-40 LITER
LEBENSDAUER: 1-2 JAHRE (ABHÄNGIG VON VIELEN FAKTOREN, DIE ART DER PFLANZE EINGESCHLOSSEN)

GURKEN: 100-130 LITER
ZEIT BIS ZUR ERNTE: 80 TAGE

ELI000 KAPAZITÄTEN

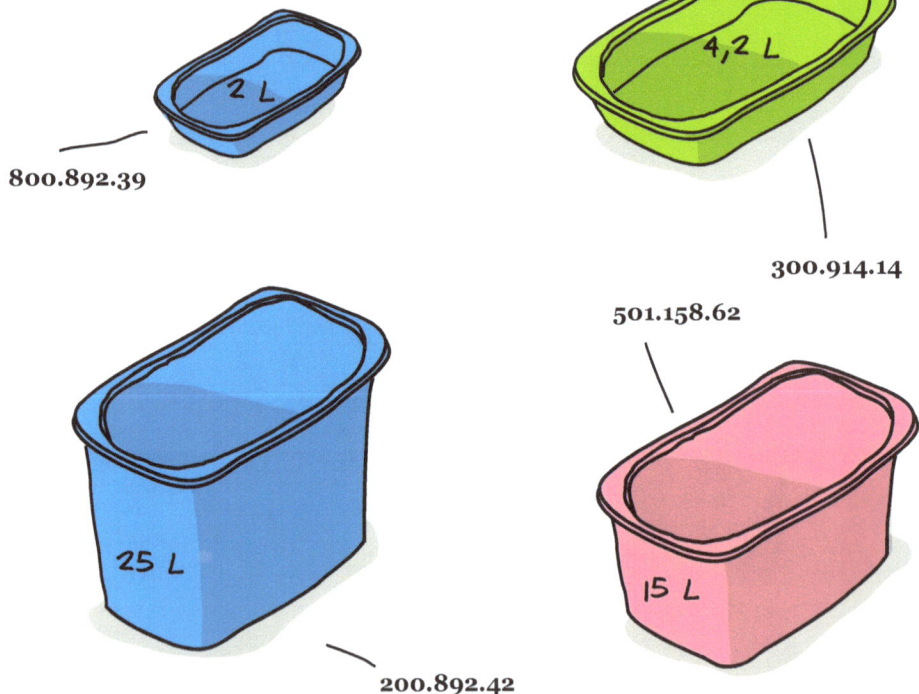

2 L

800.892.39

4,2 L

300.914.14

501.158.62

25 L

200.892.42

15 L

MEHR INFORMATIONEN DAZU GIBT ES HIER:

B.A. Kratky, 2004. *A Suspended Pot, Non-Circulating Hydroponic Method.* Proceedings of the South Pacific Soilless Culture Conference, Acta Hort. 648. Seite 83-89

MIT EINER GOOGLE-SUCHE KANN MAN DIE QUELLE RECHT EINFACH FINDEN.

MÖGLICHKEIT (D1)

NACHFÜLLBARES NICHTZIRKULIERENDES SYSTEM

DIES IST EIN SYSTEM, MIT DEM ICH EIN WENIG EXPERIMENTIERT
HABE. ICH NENNE ES DAS NACHFÜLLBARE, NICHTZIRKULIERENDE SYSTEM.
ES BASIERT AUF DER IDEE, AEROBISCHE UND ANAEROBISCHE WURZELN
WACHSEN ZU LASSEN. MAN MUSS NUN NUR NOCH DEN BEHÄLTER MIT
NÄHRSTOFFLÖSUNG NACHFÜLLEN, UM DEN WASSERSPIEGEL GLEICHMÄSSIG
ZU HALTEN. AUF DIESE WEISE WIRD DIE PFLANZE DIE NOTWENDIGEN
AEROBISCHEN WURZELN ENTWICKELN UND WEITER WACHSEN.
ES BRAUCHT HIERZU NICHT VIEL WASSER. IN DIESEM BEISPIEL IST ES
MAXIMAL I LITER. BITTE BEACHTE, DASS ALLE PFLANZEN IM SYSTEM
IM GLEICHEN ENTWICKLICKLUNGSSTADIUM SEIN SOLLTEN, UM
SICHERZUSTELLEN, DASS DAS SYSTEM GUT FUNKTIONIERT.

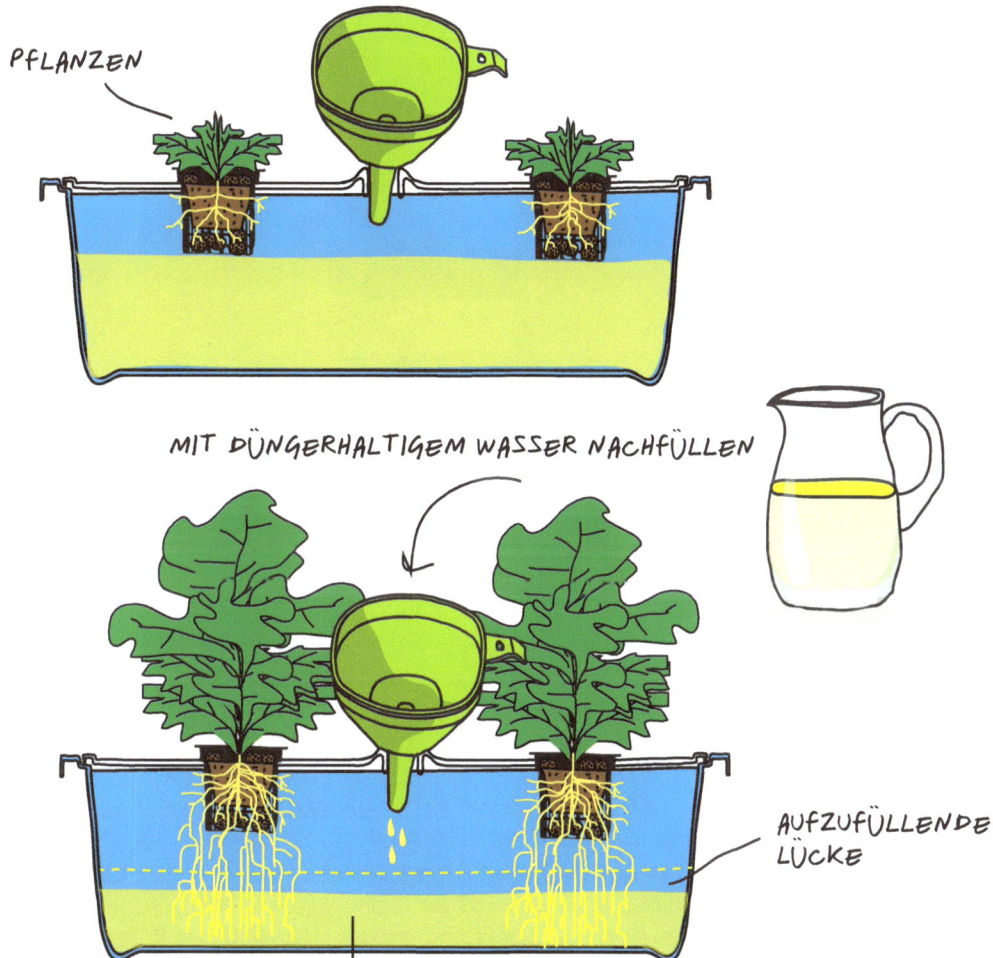

PFLANZEN

MIT DÜNGERHALTIGEM WASSER NACHFÜLLEN

AUFZUFÜLLENDE
LÜCKE

STELLE SICHER, DASS DIE WASSERMENGE ''GLEICHMÄSSIG''
BLEIBT, DAMIT DIE PFLANZEN AEROBISCHE WURZELN
ENTWICKELN KÖNNEN UND SAUERSTOFF BEKOMMEN.

FIAT LUX

5

Aufgabe

SORGE FÜR LICHT

DAS PFLANZENWACHSTUM WIRD DIREKT DURCH DIE LICHTFARBE,
DIE LICHTINTENSITÄT UND DIE DAUER DER BELEUCHTUNG BEINFLUSST.
OPTIMALERWEISE SOLLTEN PFLANZEN ETWA 8 STUNDEN SONNENLICHT
TÄGLICH ERHALTEN. ALS ALTERNATIVE KANN MAN SICH FLUORESZIERENDE
ZUCHTLAMPEN ZU NUTZE MACHEN. DIESE LEUCHTEN SIND AUF
INNENRAUMPFLANZEN AUSGERICHTET. MAN KANN SIE FÜR PFLANZEN
BENUTZEN, DIE WENIG LICHT BENÖTIGEN, BEISPIELSWEISE KRÄUTER ODER
BLATTGEMÜSE. MAN KANN AUSSERDEM SOGENANNTE H.I.D-LAMPEN
– HIGH INTENSITY DISCHARGE – ODER LED-LEUCHTMITTEL VERWENDEN.
LETZTERE WERDEN FÜR DIE PFLANZENAUFZUCHT IMMER BELIEBTER.
ICH HABE EINIGE TESTLÄUFE MIT LEDS GEMACHT. LEIDER HATTE ICH
HIERBEI WENIG BIS KEINEN ERFOLG. ICH DENKE, DIESE TECHNIK MUSS
NOCH WEITERENTWICKELT WERDEN, BEVOR MAN SIE FÜR DEN
GENANNTEN ZWECK EINSETZEN KANN.

FLUORESZIERENDE ZUCHTLAMPEN

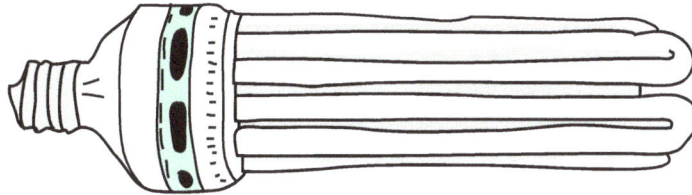

UM EINFACHES BLATTGEMÜSE ZU ZÜCHTEN, REICHT NEONLICHT VOLLKOMMEN AUS. EINE LAMPE AN DEINEM ARBEITSTISCH KANNST DU ZUR AUFZUCHT VERWENDEN. GLEICHZEITIG HAST DU DANN IMMER KRÄUTER GRIFFBEREIT. ICH EMPFEHLE WEISSE KALTLICHTLEUCHTEN. MAN SOLLTE MINDESTENS AUF EINE 25 WATT BIRNE SETZEN, LEUCHTEN MIT 30 – 50 WATT SIND OPTIMAL.

H.I.D.-BELEUCHTUNG

WENN DU DAS MAXIMALE WACHSTUMSPOTENZIAL
FÜR DEN INNENBEREICH HERAUSHOLEN WILLST,
BRAUCHST DU H.I.D-LEUCHTMITTEL. SIE SIND SO
OPTIMIERT, DASS SIE DAS BESTMÖGLICHE VER-
HÄLTNIS AKTIVER FOTOSYNTHETISCHER STRAHLUNG
ZUM STROMVERBRAUCH BIETEN.

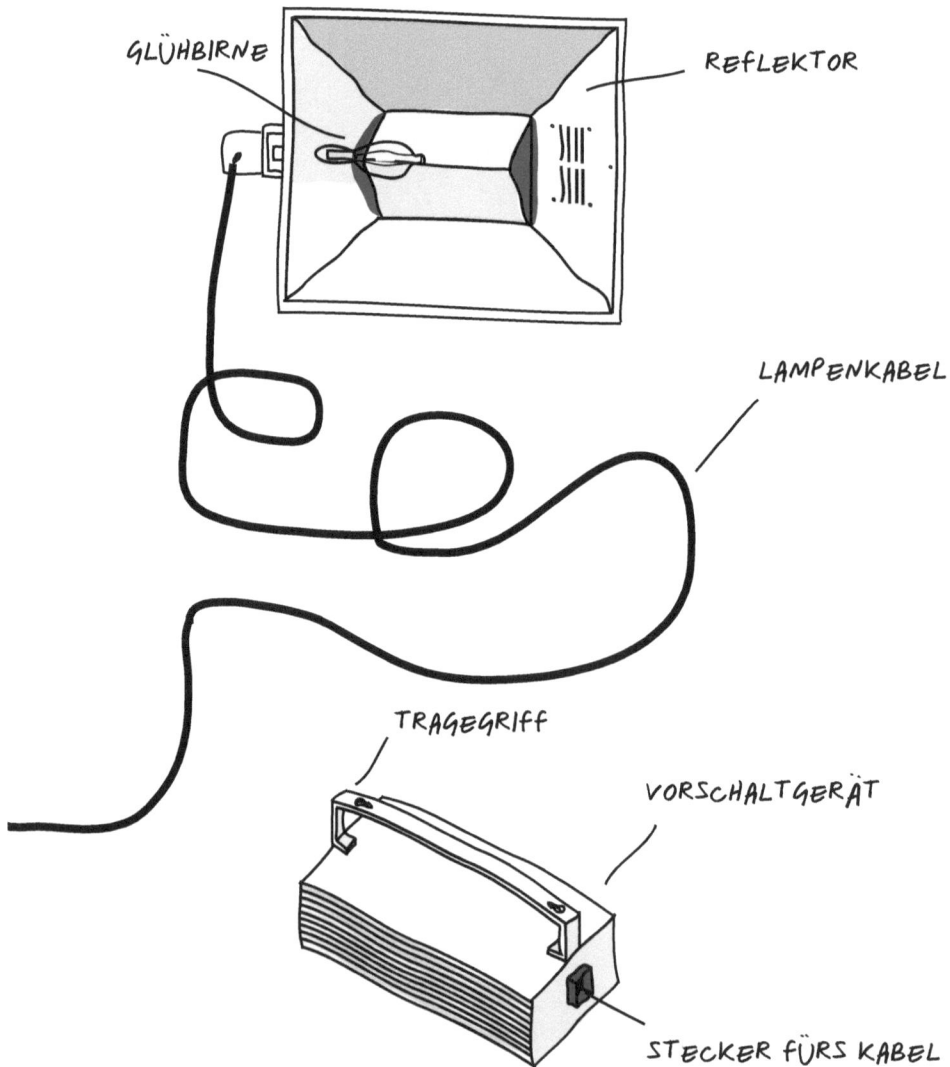

GLÜHBIRNE

REFLEKTOR

LAMPENKABEL

TRAGEGRIFF

VORSCHALTGERÄT

STECKER FÜRS KABEL

H.I.D. GLÜHBIRNEN

A HALOGEN-METALLDAMPFLAMPEN (METAL-HALIDE) MH-BIRNEN LEUCHTEN HAUPTSÄCHLICH IM BLAUEN WELLENLÄNGENBEREICH. DIES MACHT SIE IDEAL FÜR DIE AUFZUCHTPHASE. MH-BIRNEN HALTEN BIS ZU ZWEI JAHREN. ES WIRD ABER EMPFOHLEN, SIE ALLE 12-14 MONATE AUSZUTAUSCHEN.

B NATRIUMDAMPF-HOCHDRUCKLAMPEN (HIGH PRESSURE SODIUM) HPS-BIRNEN LEUCHTEN HAUPTSÄCHLICH IM ROTBEREICH, EINER WELLENLÄNGE, DIE WÄHREND DER REPRODUKTIVEN PHASE ZU EINER INTENSIVEREN BLÜTENBILDUNG UND HÖHEREM FRUCHTERTRAG FÜHRT. HPS-BIRNEN HALTEN BIS ZU FÜNF JAHREN. ES WIRD EMPFOHLEN, SIE ALLE ZWEI JAHRE ZU WECHSELN, DA SIE MIT DER ZEIT IHR SPEKTRUM UND IHRE LEUCHTKRAFT VERLIEREN.

HINWEIS:

KAUFE EINE LAMPENFASSUNG, DIE FÜR BEIDE GLÜHBIRNEN GEEIGNET IST. BENUTZE DIE MH-BIRNE WÄHREND DER AUFZUCHTPHASE UND WECHSLE ANSCHLIESSEND ZUR HPS-BIRNE, WENN DIE PFLANZEN ANFANGEN ZU BLÜHEN. DIE MEISTEN PFLANZEN WACHSEN AM BESTEN, WENN SIE 16-18 STUNDEN LICHT AUSGESETZT SIND. DU KANNST ZUM AUTOMATISIEREN DER BELEUCHTUNG EINE ZEITSCHALTUHR VERWENDEN.

ABMASSE AUFZUCHTAREAL	BENÖTIGTE WATTSTÄRKE	ABSTAND ZU DEN PFLANZEN
60 × 60 — 2'×2'	**175W**	30 cm (12'')
91 × 91 — 3'×3'	**250W**	45 cm (18'')
121 × 121 — 4'×4'	**400W**	60 cm (24'')
182 × 182 — 5'×5'	**600W**	60 cm (24'')
243 × 243 — 8'×8'	**2 X 600W**	60 cm (24'')

WENN DU EINE 400 WATT GLÜHBIRNE FÜR 18 STUNDEN AM TAG BETREIBST, VERBRAUCHT DIESE 7,2 KWH. ÜBERPRÜFE DIE KOSTEN PRO KILOWATTSTUNDE AUF DEINER STROMRECHNUNG UND MULTIPLIZIERE SIE MIT 7,2, UM DIE GESAMTKOSTEN HERAUSZUFINDEN. ES SOLLTEN HIER ZWISCHEN 7–20 € PRO MONAT HERAUSKOMMEN. WERFE DAZU AUCH EINEN BLICK AUF WWW.HYDROPONICS-SIMPLIFIED.COM.

ELIOOO

GROW YOUR FOOD

ELIOOO #4

ELIOOO #4 IST IDEAL, UM KRÄUTER IN DER KÜCHE AUFZUZIEHEN.
ES IST KLEIN UND KOMPAKT (20,5 X 29,7 X 10 CM) UND MAN
KANN BIS ZU VIER PFLANZEN, ABHÄNGIG VON DEREN GRÖSSE,
GLEICHZEITIG ZÜCHTEN.
PLATZIERE ES AN EINEM SONNIGEN FENSTER ODER UNTER
NORMALEM NEONLICHT, DAMIT DIE PFLANZEN WACHSEN.
ELIOOO #4 BRAUCHT KEINEN STROM.

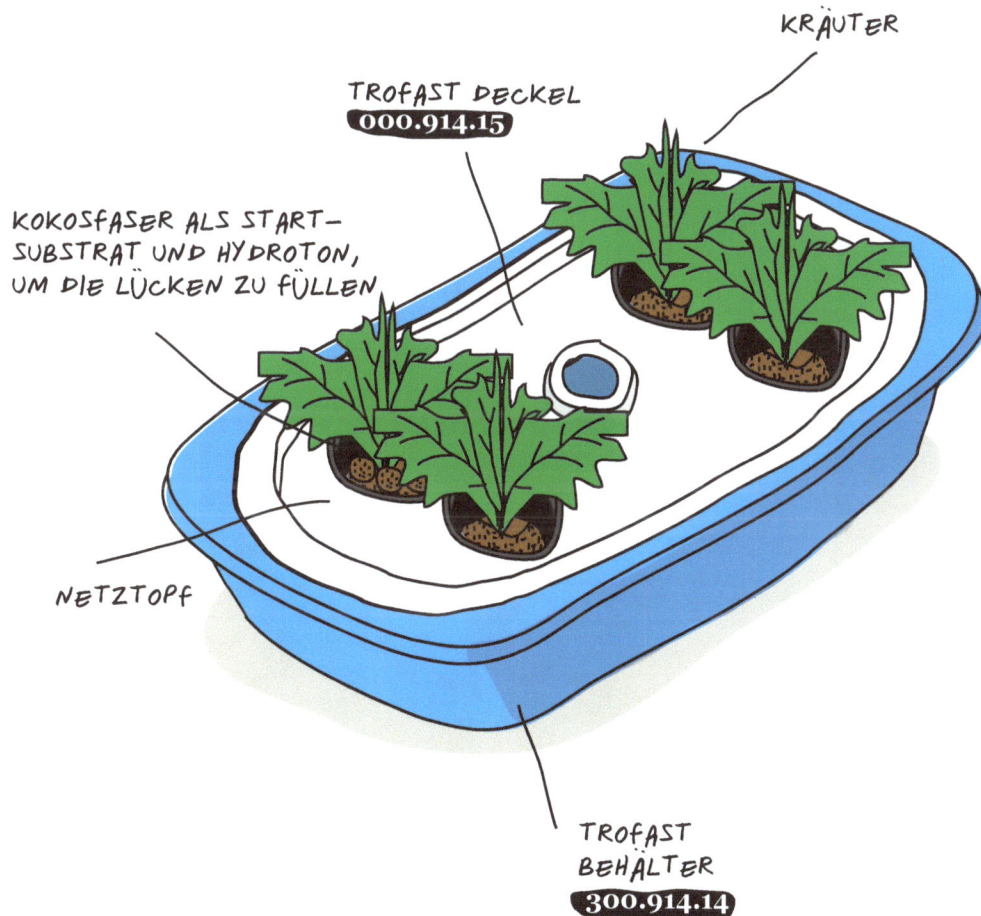

KRÄUTER

TROFAST DECKEL
000.914.15

KOKOSFASER ALS START-
SUBSTRAT UND HYDROTON,
UM DIE LÜCKEN ZU FÜLLEN

NETZTOPF

TROFAST
BEHÄLTER
300.914.14

ELIOOO #4:
WAS DU BRAUCHST:

HYDROTON

AUS EINER GÄRTNEREI

VON IKEA

TROFAST DECKEL
000.914.15

STARTSUBSTRAT
DAS AUS KOKOS-
FASER VERWENDE
ICH AM LIEBSTEN.

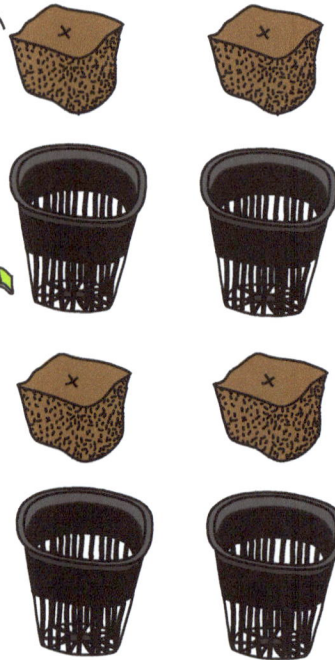

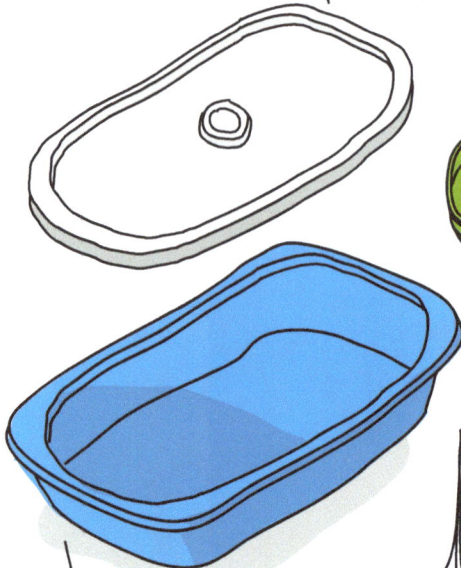

TOP
seeds

TROFAST
BEHÄLTER
300.914.14

DIE QUALITÄT DER SAMEN
IST ENTSCHEIDEND. KAUFE
DAS BESTE SAATGUT, DAS
DU KRIEGEN KANNST.

NETZTOPF

WERKZEUGE

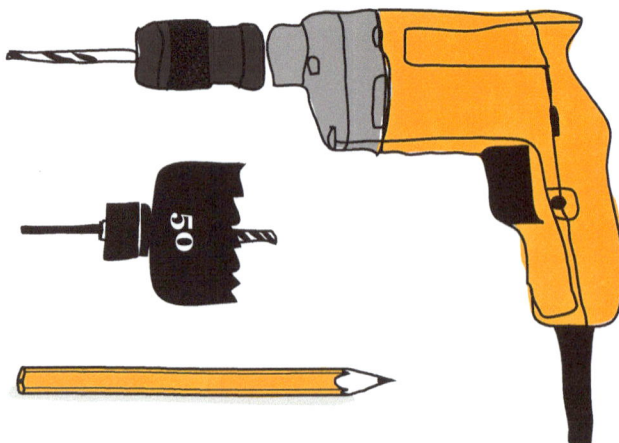

50

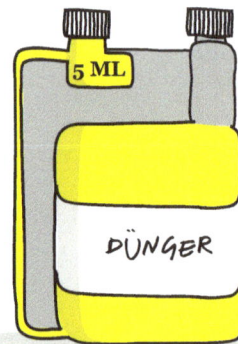

5 ML

DÜNGER

ES GIBT SEHR VIELE
VERSCHIEDENE ARTEN VON
DÜNGERN. LASSE DICH VON
DEINEM LOKALEN
HYDROPONIKFACHGESCHÄFT
BERATEN UND PROBIERE
VERSCHIEDENE
VARIANTEN AUS.

1 DIE NETZTOPFHALTERUNGEN VORBEREITEN

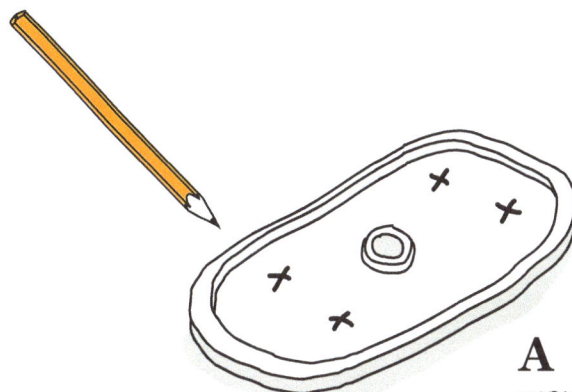

A

MARKIERE 4 PUNKTE
AUF DEM TROFAST
DECKEL.

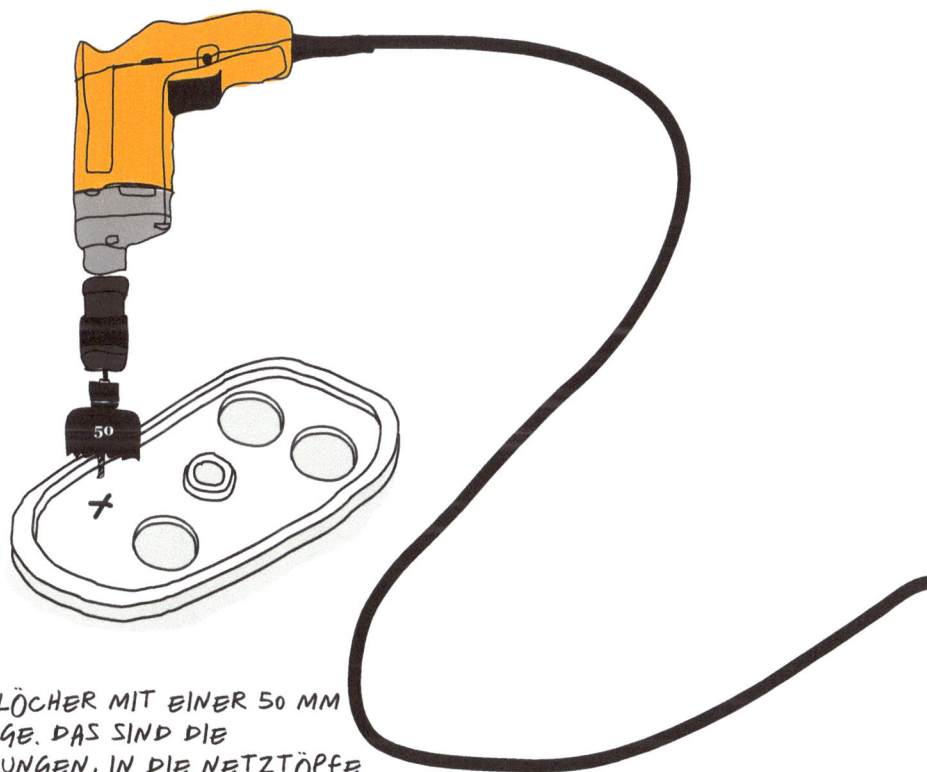

B

BOHRE LÖCHER MIT EINER 50 MM
LOCHSÄGE. DAS SIND DIE
HALTERUNGEN, IN DIE NETZTÖPFE
DEINES EL1000 #4 KOMMEN.

2 DIE NETZTÖPFE EINSETZEN

A BEFÜLLE DEN TROFAST BEHÄLTER MIT DEM RICHTIGEN VERHÄLTNIS AN WASSER UND DÜNGER. LESE DIE ANLEITUNG AUF DER VERPACKUNG DES SAATGUTS. STELLE SICHER, DASS DAS WASSER DIE WURZELN DER JUNG-PFLANZEN NUR LEICHT BERÜHRT. ES SOLLTEN HIERZU ETWA ZWEI LITER NOTWENDIG SEIN.

JUNGPFLANZE

HYDROTON

B

VERWENDE JUNGPFLANZEN DEINER LIEBLINGSKRÄUTER FÜR EL1000 #4 EMPFOHLEN – UND SETZE SIE IN JE EINEN NETZTOPF EIN.

NETZTOPF

C

PLATZIERE DIE NETZTÖPFE IN DEN GEBOHRTEN LÖCHERN UND FREUE DICH ÜBER DIE KRÄUTER, DIE NUN IN DEINER KÜCHE WACHSEN.

3 ERNTEZEIT

A NACHDEM DU DIE JUNGPFLANZEN INS SYSTEM UMGETOPFT HAST, WERDEN DIE WURZELN ANFANGEN ZU WACHSEN — TEILS IN DER LUFT HÄNGEND UND TEILS INS WASSER HINEIN. DADURCH REGULIEREN DIE PFLANZEN SELBSTSTÄNDIG DIE MENGE AN LUFT, DIE SIE ZUM WACHSEN BENÖTIGEN.

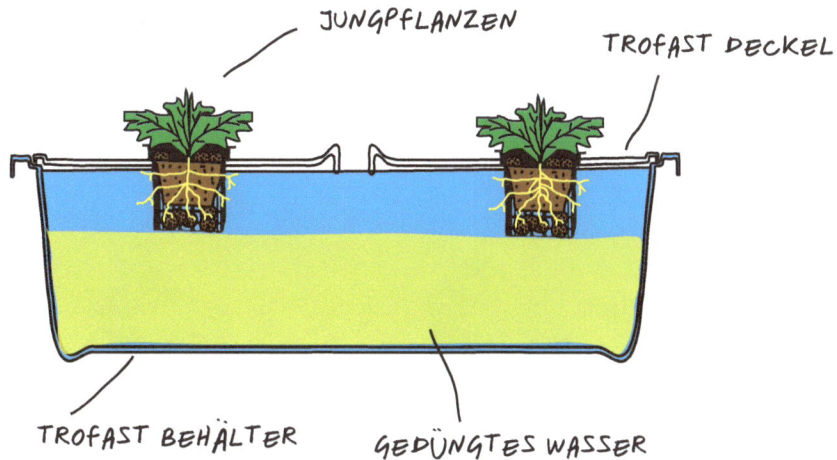

JUNGPFLANZEN

TROFAST DECKEL

TROFAST BEHÄLTER

GEDÜNGTES WASSER

B DIE PFLANZEN WERDEN DAS GESAMTE WASSER AUFBRAUCHEN. SOBALD KEIN WASSER MEHR IM BEHÄLTER IST, ES ZEIT FÜR DIE ERNTE. ICH EMPFEHLE, DIE PFLANZEN VOR DER ERNTE ZU KLONEN, DAMIT DU DIREKT NEUE JUNGPFLANZEN IM SYSTEM PLATZIEREN KANNST.

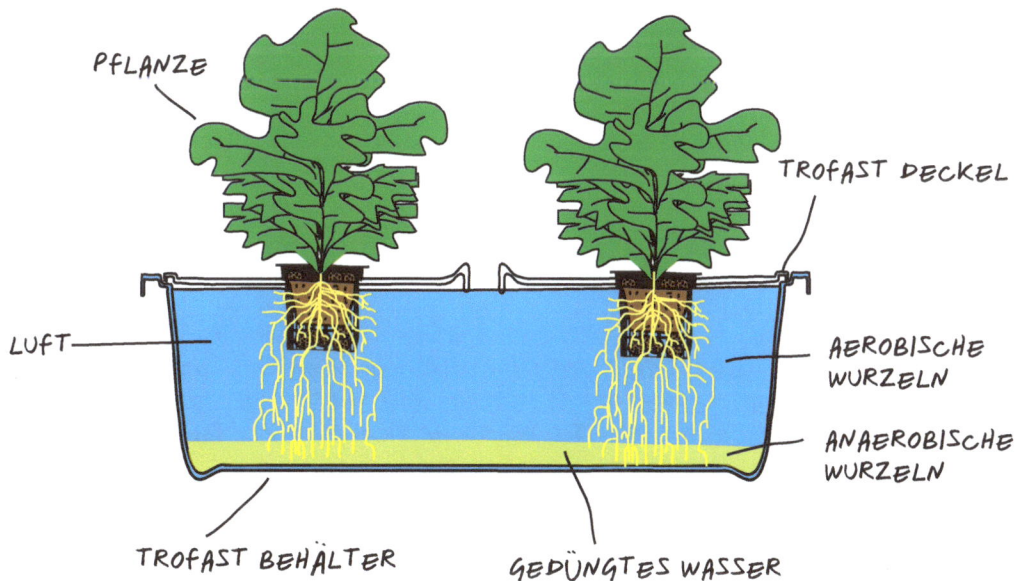

PFLANZE

TROFAST DECKEL

LUFT

AEROBISCHE WURZELN

ANAEROBISCHE WURZELN

TROFAST BEHÄLTER

GEDÜNGTES WASSER

C

DU KANNST DAS GEDÜNGTE WASSER IN KLEINEN MENGEN
NACHFÜLLEN. STELLE NUR SICHER, DASS NOCH GENUG LUFT
VORHANDEN IST. DIE PFLANZEN WERDEN IHRE EIGENEN
AEROBISCHEN WURZELN ENTWICKELN, DAHER IST ES WICHTIG,
DASS DER WASSERANTEIL KLEIN GEHALTEN WIRD.

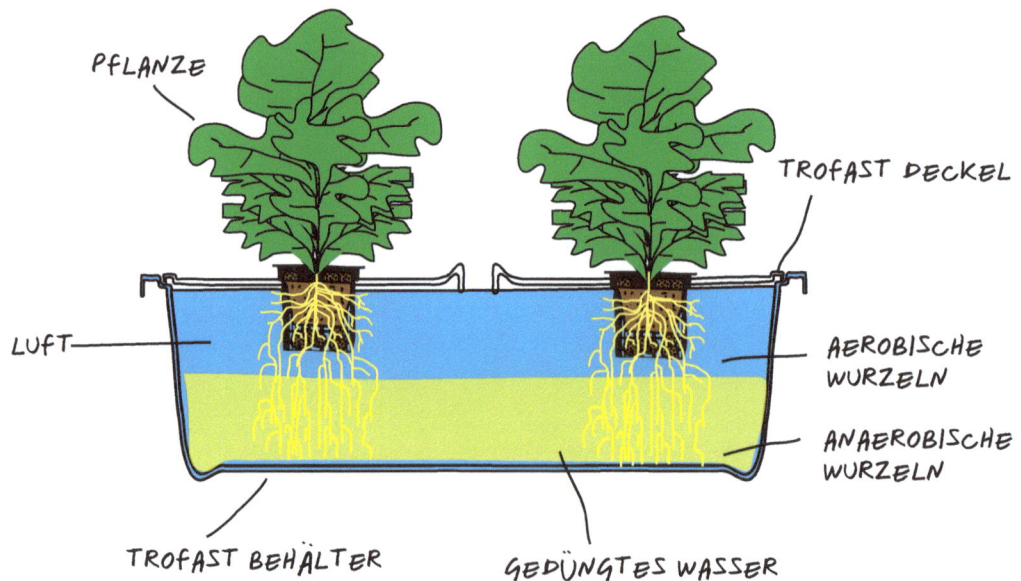

PFLANZE

TROFAST DECKEL

LUFT

AEROBISCHE
WURZELN

ANAEROBISCHE
WURZELN

TROFAST BEHÄLTER

GEDÜNGTES WASSER

BEI DIESEM SYSTEM MÜSSEN DIE PFLANZEN ÖFTER
"GEGOSSEN" WERDEN. DIE ANDEREN SYSTEME ERFORDERN
GAR KEINE BEWÄSSERUNG. DIE PFLANZEN WERDEN
WACHSEN UND SIE WERDEN SICH DER VERFÜGBAREN
MENGE AN WASSER UND LUFT ANPASSEN.

4 ELIOOO #4 WANDBEFESTIGUNG

MAN KANN MIT ELIOOO #4 SEHR EINFACH EINEN
VERTIKALEN GARTEN GESTALTEN, WENN MAN ES MIT
HALTERUNGEN AN EINER WAND BEFESTIGT.

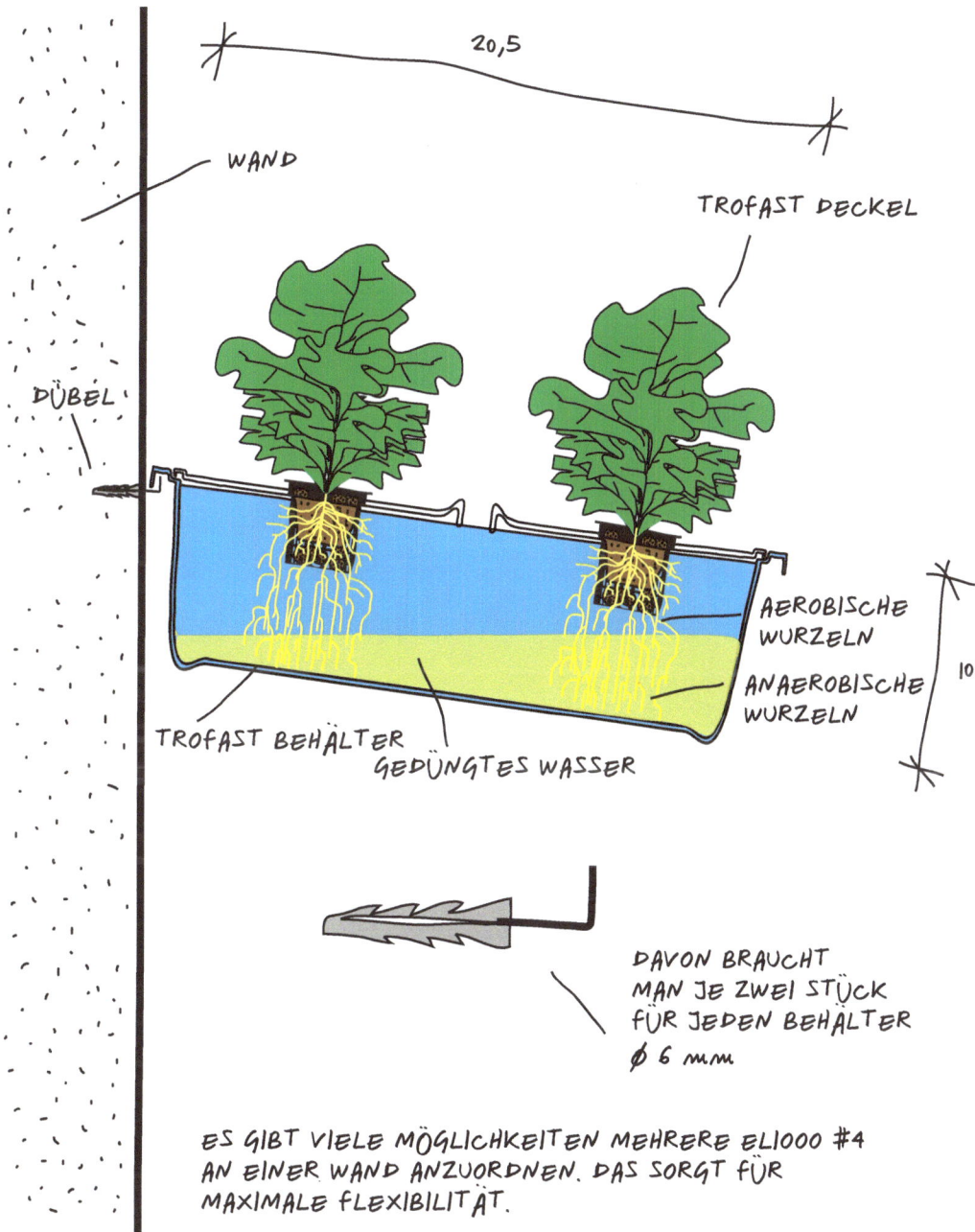

20,5

WAND

TROFAST DECKEL

DÜBEL

AEROBISCHE
WURZELN

ANAEROBISCHE
WURZELN

10

TROFAST BEHÄLTER

GEDÜNGTES WASSER

DAVON BRAUCHT
MAN JE ZWEI STÜCK
FÜR JEDEN BEHÄLTER
∅ 6 mm

ES GIBT VIELE MÖGLICHKEITEN MEHRERE ELIOOO #4
AN EINER WAND ANZUORDNEN. DAS SORGT FÜR
MAXIMALE FLEXIBILITÄT.

67

FREIE ANORDNUNG VON ELIOOO #4

ELIOOO #8

ELIOOO #8 IST EIN EINFACHES SYSTEM,
UM IN DEINER KÜCHE, DEINEM BÜRO
ODER WO IMMER DU MÖCHTEST, KRÄU-
TER ZU ZÜCHTEN. PLATZIERE ES IN
DER NÄHE EINES SONNIGEN FENSTERS
ODER UNTER NORMALEM NEONLICHT.
ELIOOO #8 KANN AUSSERDEM AN EINER
WAND BEFESTIGT WERDEN, UM EINEN
VERTIKALEN GARTEN ZU GESTALTEN.

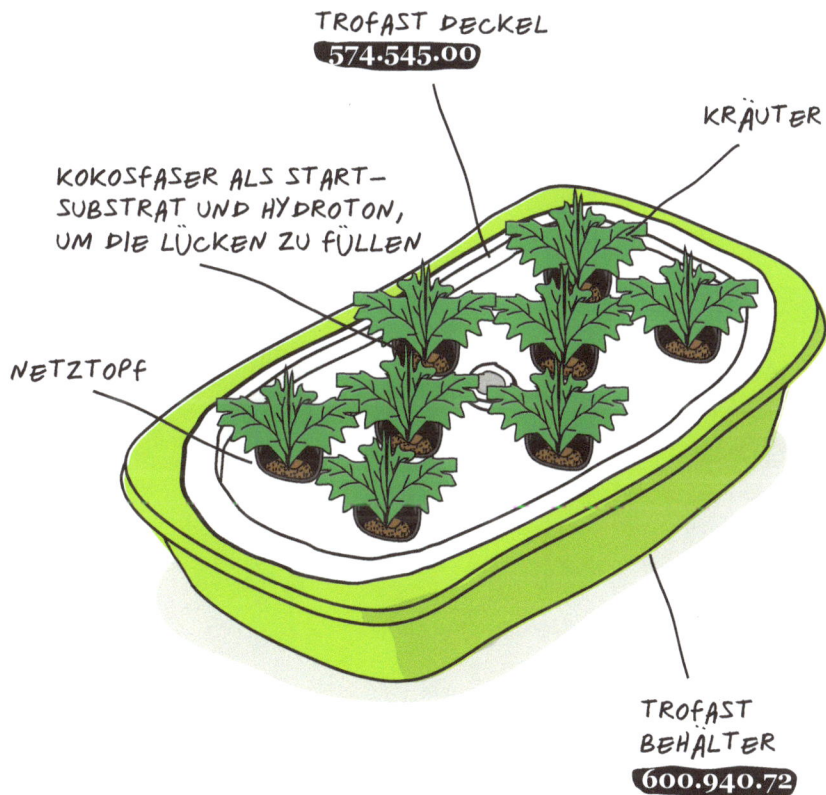

TROFAST DECKEL
574.545.00

KRÄUTER

KOKOSFASER ALS START-
SUBSTRAT UND HYDROTON,
UM DIE LÜCKEN ZU FÜLLEN

NETZTOPF

TROFAST
BEHÄLTER
600.940.72

ELIOOO #8:
WAS DU BRAUCHST

AUS EINER GÄRTNEREI

VON IKEA

TROFAST DECKEL
574.545.00

HYDROTON

NETZTOPF

TROFAST
BEHÄLTER
600.940.72

5 ML

DÜNGER

Top
seeds

DIE QUALITÄT
DER SAMEN IST
ENTSCHEIDEND.
KAUFE DAS BESTE
SAATGUT, DASS DU
KRIEGEN KANNST.

STARTSUBSTRAT
KOKOSFASERWÜRFEL
VERWENDE ICH
AM LIEBSTEN.

ES GIBT SEHR VIELE VERSCHIEDENE
ARTEN DÜNGERN. LASSE DICH VON
DEINEM LOKALEN HYDROPONIKFACHGESCHÄFT
BERATEN.

70

WERKZEUGE

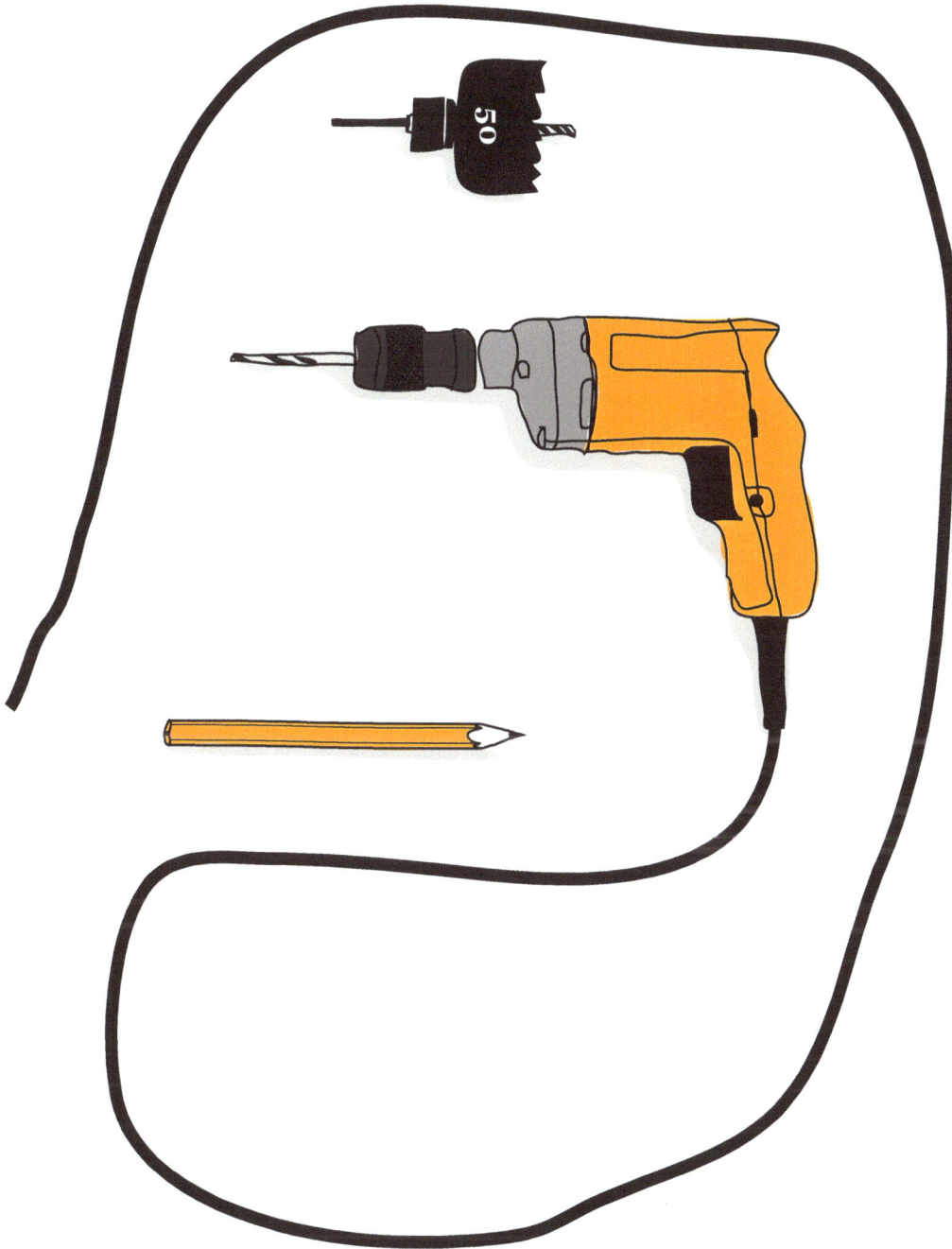

1 DIE NETZTOPFHALTERUNGEN VORBEREITEN

A

MARKIERE ACHT PUNKTE AUF
DEM TROFAST DECKEL MIT
EINEM BLEISTIFT.

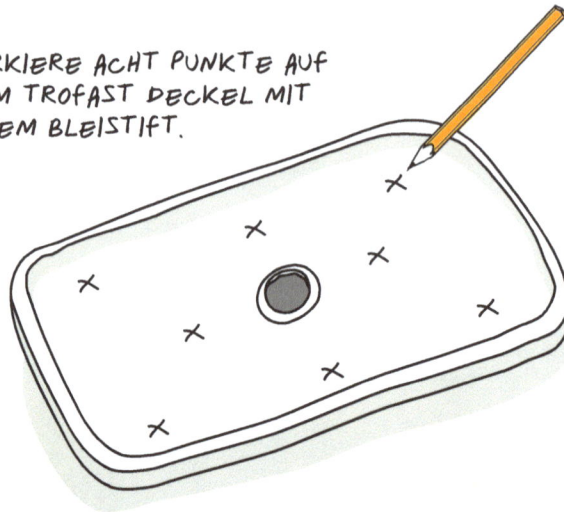

B

BOHRE LÖCHER MIT EINER 50 MM LOCHSÄGE.
DAS SIND DIE HALTERUNGEN IN DIE
NETZTÖPFE DEINES EL1000 #8 KOMMEN.

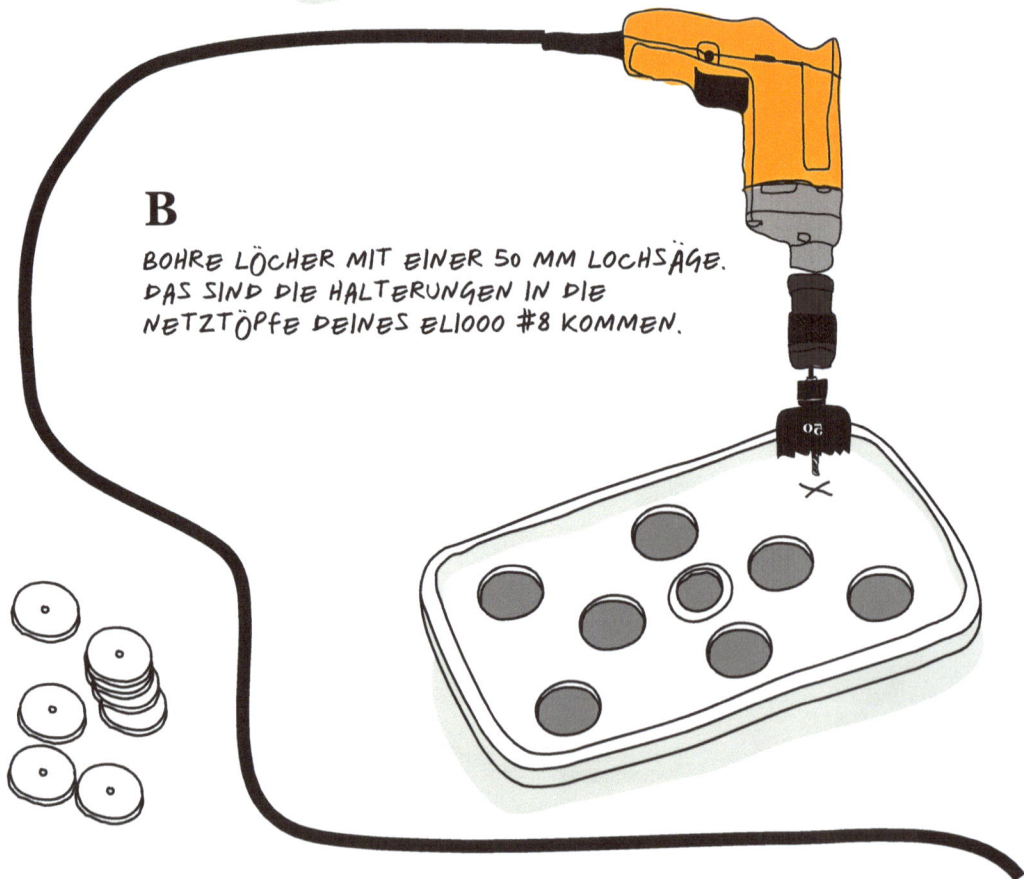

2 DIE NETZTÖPFE EINSETZEN

A

BEFÜLLE DEN TROFAST BEHÄLTER MIT DEM RICHTIGEN VERHÄLTNIS AN WASSER UND DÜNGER. STELLE SICHER, DASS DAS WASSER DIE WURZELN DER JUNGPFLANZEN FAST BERÜHRT. EL1000 #8 SOLLTE ETWA 4,2 LITER FASSEN. MESSE ES AM BESTEN NACH, DA DIE WIRKLICHE MENGE WASSER VON DER ART DER VERWENDETEN NETZTÖPFE ABHÄNGIG SEIN KANN.

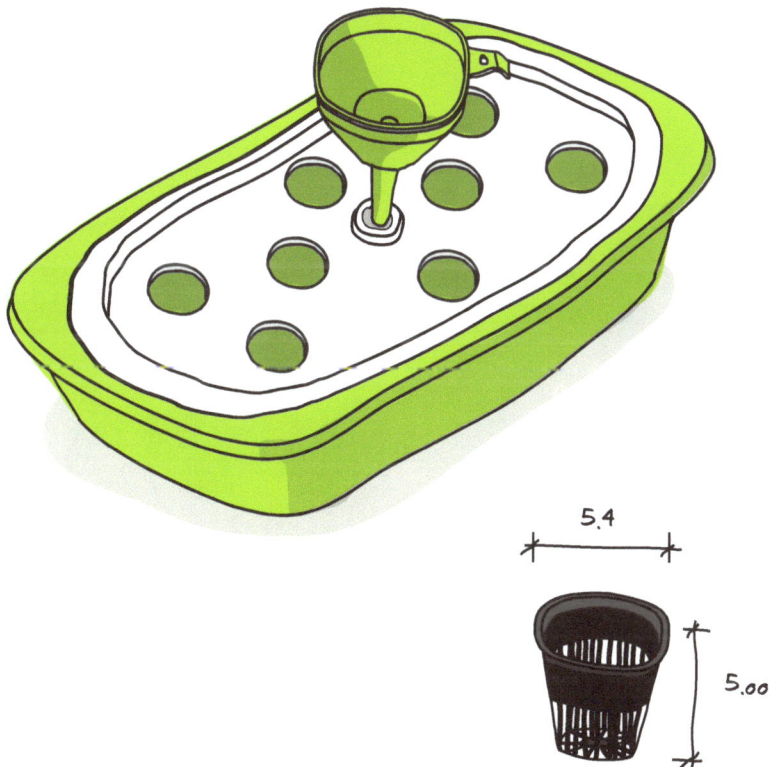

5.4

5.00

B

PLATZIERE DIE JUNGPFLANZE
IN DEN NETZTOPF UND FÜLLE
DIE LÜCKEN MIT HYDROTON AUF.

HYDROTON

JUNGPFLANZE

NETZTOPF

C

PLATZIERE DIE NETZTÖPFE IN DEN LÖCHERN
DES TROFAST DECKELS UND FREUE DICH
ÜBER DEINE LIEBLINGKRÄUTER, DIE NUN
WACHSEN WERDEN.

3 ELIOOO #8 WANDBEFESTIGUNG

MIT WANDHALTERUNGEN UND EIN PAAR TISCHTENNISBÄLLEN KANN ELIOOO #8 AN EINER WAND BEFESTIGT WERDEN, UM EINEN VERTIKALEN GARTEN ZU GESTALTEN.

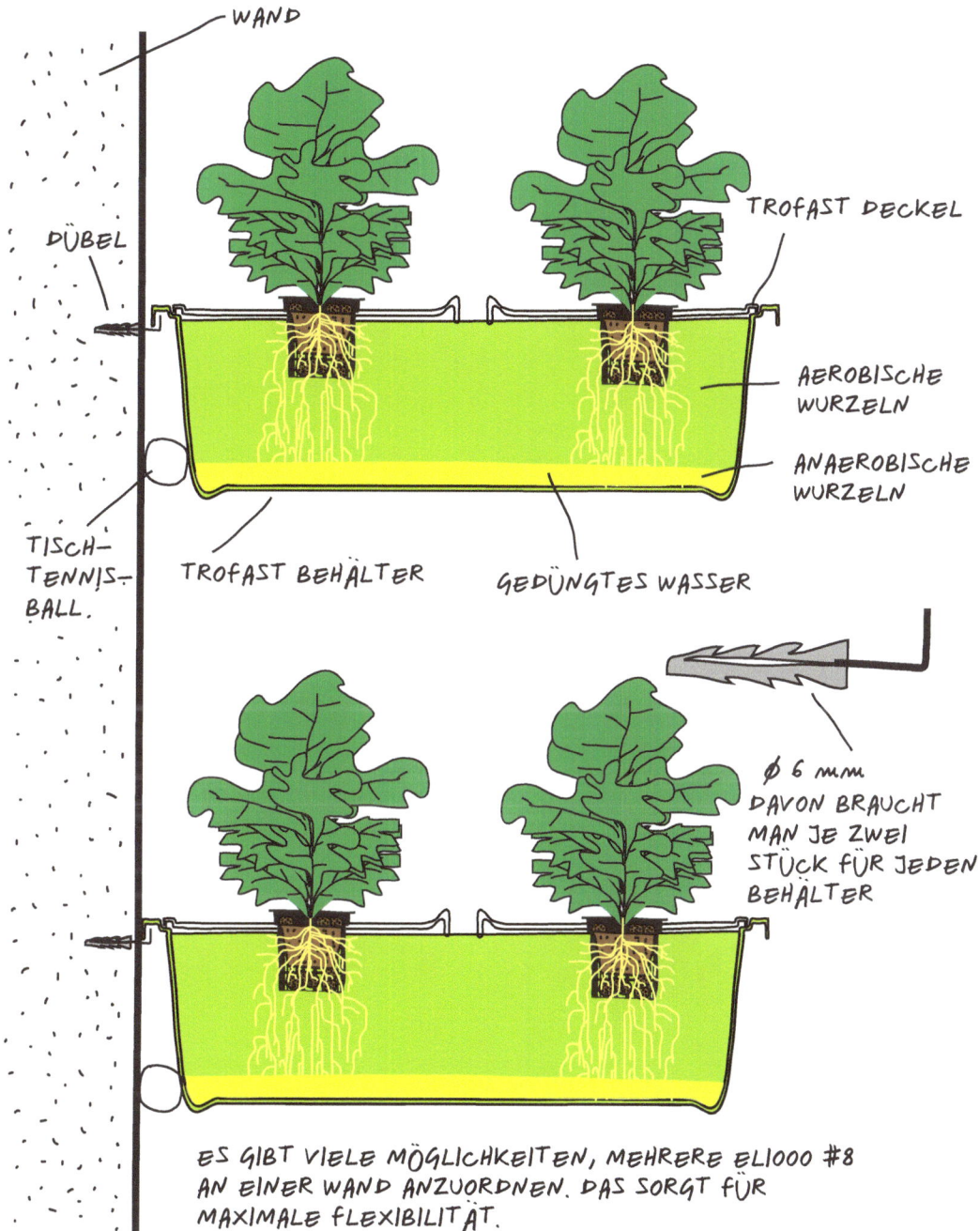

WAND

DÜBEL

TROFAST DECKEL

AEROBISCHE WURZELN

ANAEROBISCHE WURZELN

TISCH-TENNIS-BALL.

TROFAST BEHÄLTER

GEDÜNGTES WASSER

Ø 6 mm
DAVON BRAUCHT MAN JE ZWEI STÜCK FÜR JEDEN BEHÄLTER

ES GIBT VIELE MÖGLICHKEITEN, MEHRERE ELIOOO #8 AN EINER WAND ANZUORDNEN. DAS SORGT FÜR MAXIMALE FLEXIBILITÄT.

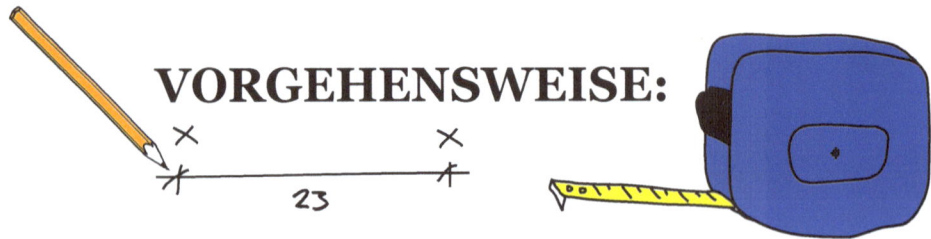

VORGEHENSWEISE:

A   MARKIERE DIR ZWEI PUNKTE AN EINER WAND. DIESE SOLLTEN 23 CM AUSEINANDER LIEGEN.

B   BOHRE MIT EINEM 6 MM WANDBOHRER JE EIN LOCH AN DEN MARKIERTEN PUNKTEN.

C   PLATZIERE JE EINEN 6 MM DÜBEL IN DIE GEBOHRTEN LÖCHERN.

D   SETZE EINE L-FÖRMIGE SCHRAUBE IN DEN DÜBEL EIN.

E   HÄNGE EL1000 #8 AN DIE WAND. WIEDERHOLE DEN VORGANG, UM EINEN VERTIKALEN GARTEN ZU ER-ZEUGEN.

WENN DU DIE BEHÄLTER
WAAGRECHT HABEN MÖCHTEST,
PLATZIERE JE EINEN
TISCHTENNISBALL
ZWISCHEN WAND UND
PFLANZENBOX.

DU KANNST SIE AUCH EINFACH,
WIE MIT EL1000 #4 GEZEIGT,
AN DIE WAND ANLEHNEN.

ELIOOO #TISCH

DER ELIOOO TISCH BIETET PLATZ FÜR BIS ZU ACHT PFLANZEN.
ER EIGNET SICH IDEAL, UM AN DEINEM ARBEITSPLATZ KRÄUTER
UND BLATTGEMÜSE ANZUPFLANZEN. DER TISCH IST AUS
MEHREREN BEHÄLTERN UND EINER TISCHPLATTE GESTALTET.
ELIOOO #8 KANN EINFACH IN DIE TISCHPLATTE INTEGRIERT
WERDEN UND DIE DARUNTER LIEGENDEN BEHÄLTER KÖNNEN
ZUR AUFBEWAHRUNG VON GARTENWERKZEUGEN GENUTZT
WERDEN.

ELIOOO TISCH. WAS DU BENÖTIGST

VON IKEA:

TROFAST
BEHÄLTER
200.892.42

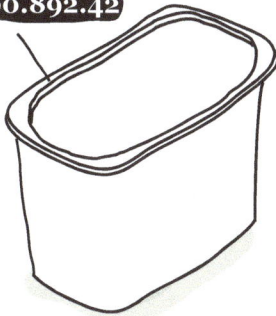

TROFAST
BEHÄLTER
200.892.42

TROFAST DECKEL
574.545.00

TROFAST
BEHÄLTER
600.940.72

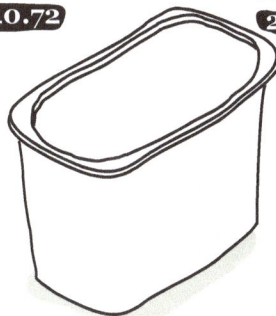

VIKA AMON
Tischplatte
900.711.68

TROFAST
BEHÄLTER
200.892.42

81

AUS EINER GÄRTNEREI

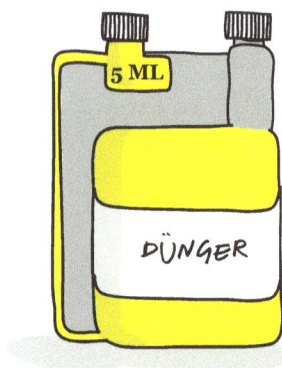

HYDROTON

ES GIBT SEHR VIELE VERSCHIEDENE ARTEN VON DÜNGERN. LASSE DICH VON DEINEM LOKALEN HYDROPONIK-FACHGESCHÄFT BERATEN.

STARTSUBSTRAT KOKOSFASERWÜRFEL VERWENDE ICH AM LIEBSTEN.

DIE QUALITÄT DER SAMEN IST ENTSCHEIDEND. KAUFE DAS BESTE SAATGUT, DASS DU KRIEGEN KANNST.

TOP seeds

NETZTOPF

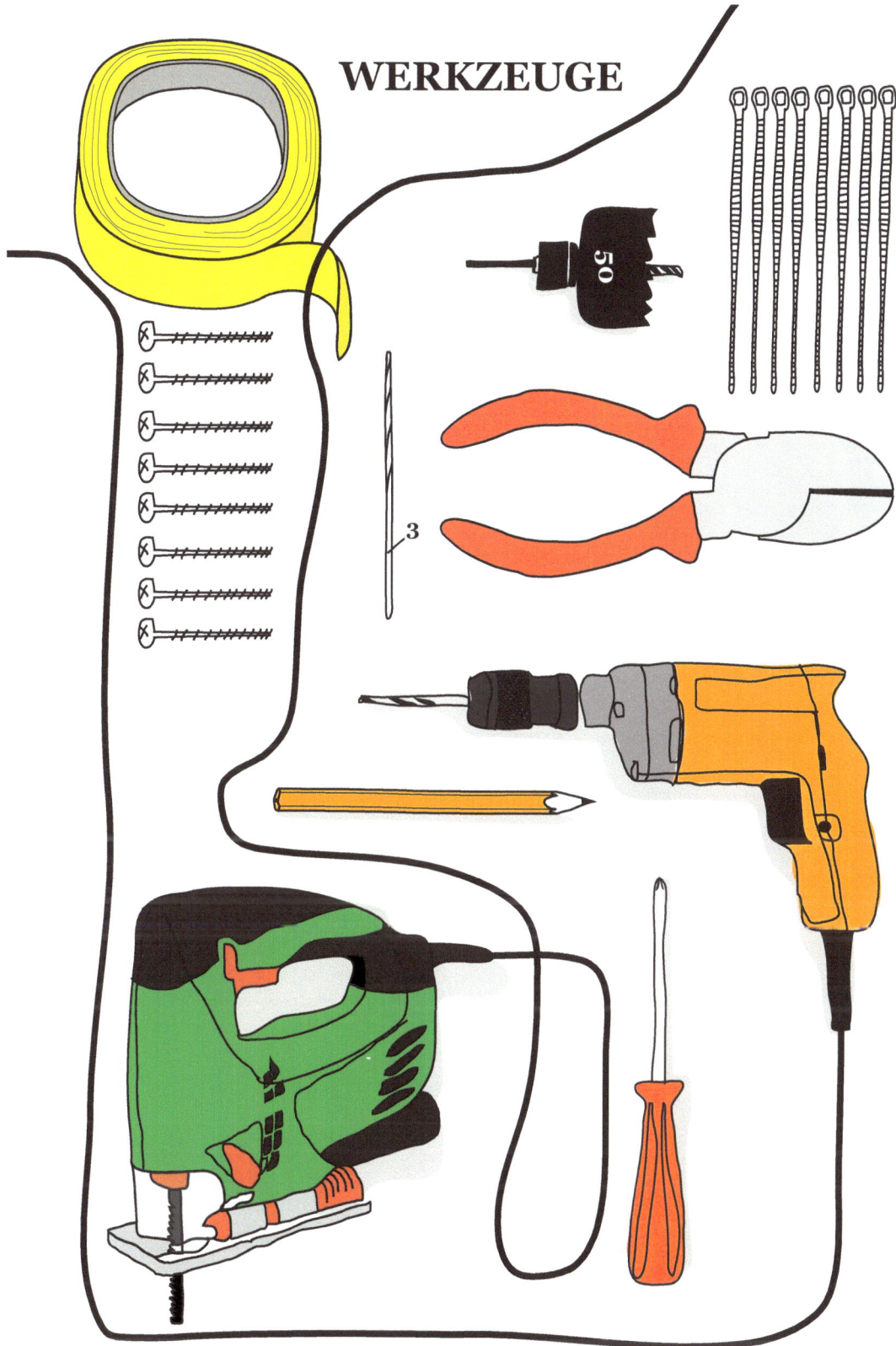

WERKZEUGE

50

3

83

1 DIE TISCHPLATTE VORBEREITEN

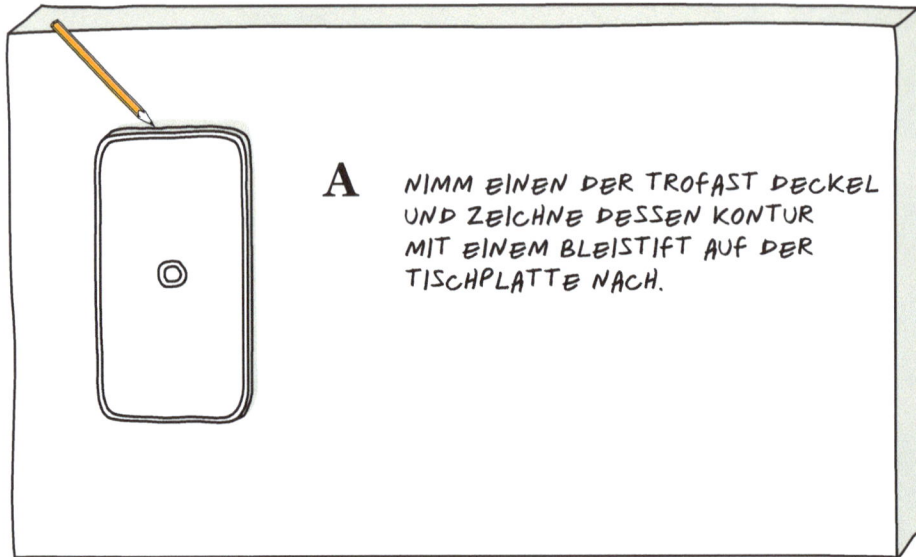

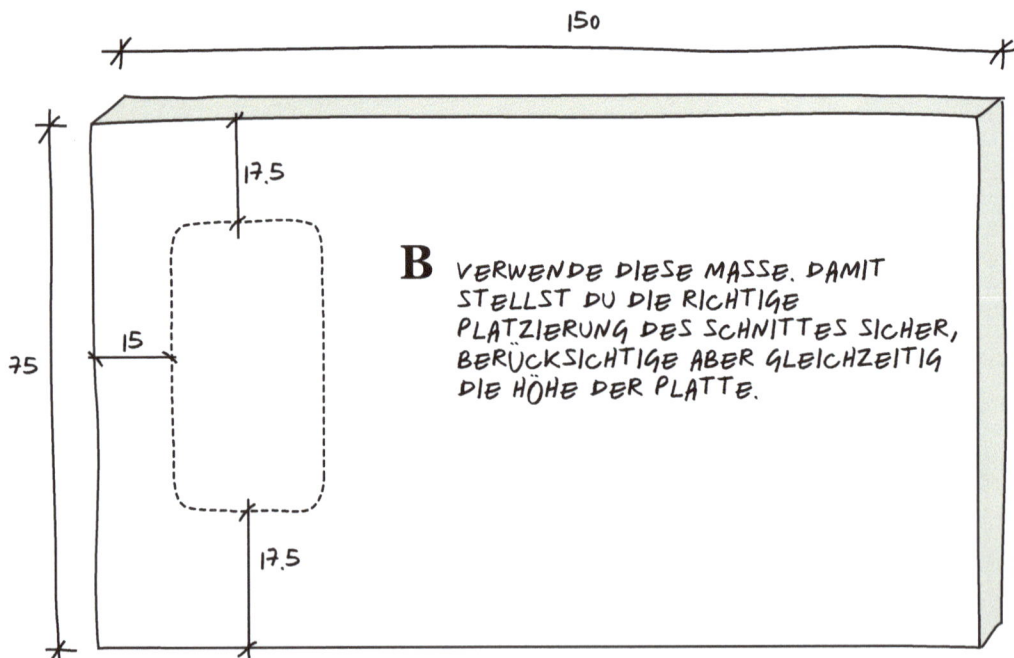

A NIMM EINEN DER TROFAST DECKEL UND ZEICHNE DESSEN KONTUR MIT EINEM BLEISTIFT AUF DER TISCHPLATTE NACH.

150

17.5

75

15

B VERWENDE DIESE MASSE. DAMIT STELLST DU DIE RICHTIGE PLATZIERUNG DES SCHNITTES SICHER, BERÜCKSICHTIGE ABER GLEICHZEITIG DIE HÖHE DER PLATTE.

17.5

C KORRIGIERE DIE VIER ECKEN MIT EINEM BLEISTIFT
UND MACHE DEN WINKEL EIN WENIG "SCHÄRFER".
DAS IST WICHTIG, DAMIT DER TROFAST BEHÄLTER IN
DIE TISCHPLATTE PASST. DU WIRST BEMERKEN,
WENN DIE KANTEN NICHT GUT GENUG PASSEN.
ABER KEINE SORGE, DU KANNST DAS PROBLEMLOS
IM NACHHINEIN KORRIGIEREN. DER SCHNITT SOLLTE
VON DER PFLANZENKISTE VERDECKT WERDEN.

WINKELKORREKTUR DER DECKELANZEICHNUNG.
VERSUCHE DIE RUNDUNG SO NACHZUZEICHNEN,
DASS SIE DER OBEREN KANTE DES TROFAST
BEHÄLTERS ENTSPRICHT.

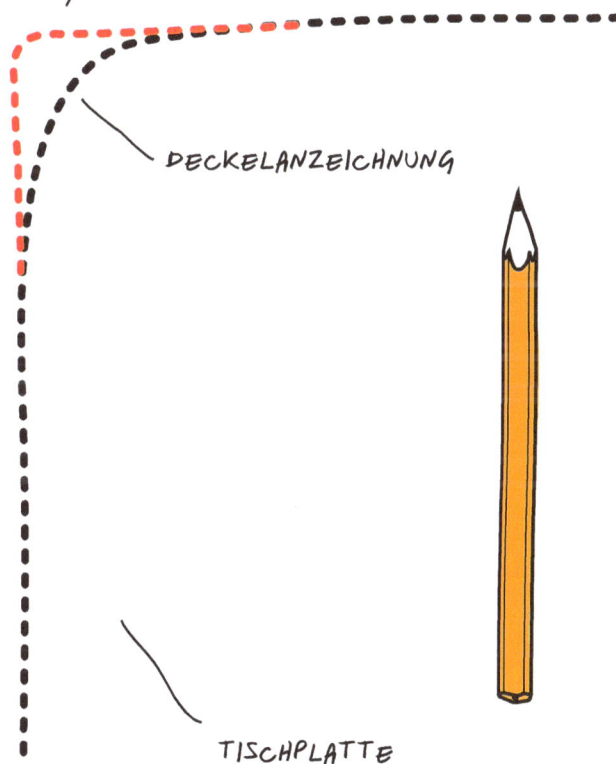

DECKELANZEICHNUNG

TISCHPLATTE

D NIMM EINEN BOHRER UND BOHRE EIN LOCH
MIT DER 50 MM LOCHSÄGE. VON HIER AN KANNST
DU MIT EINER STICHSÄGE WEITERARBEITEN.

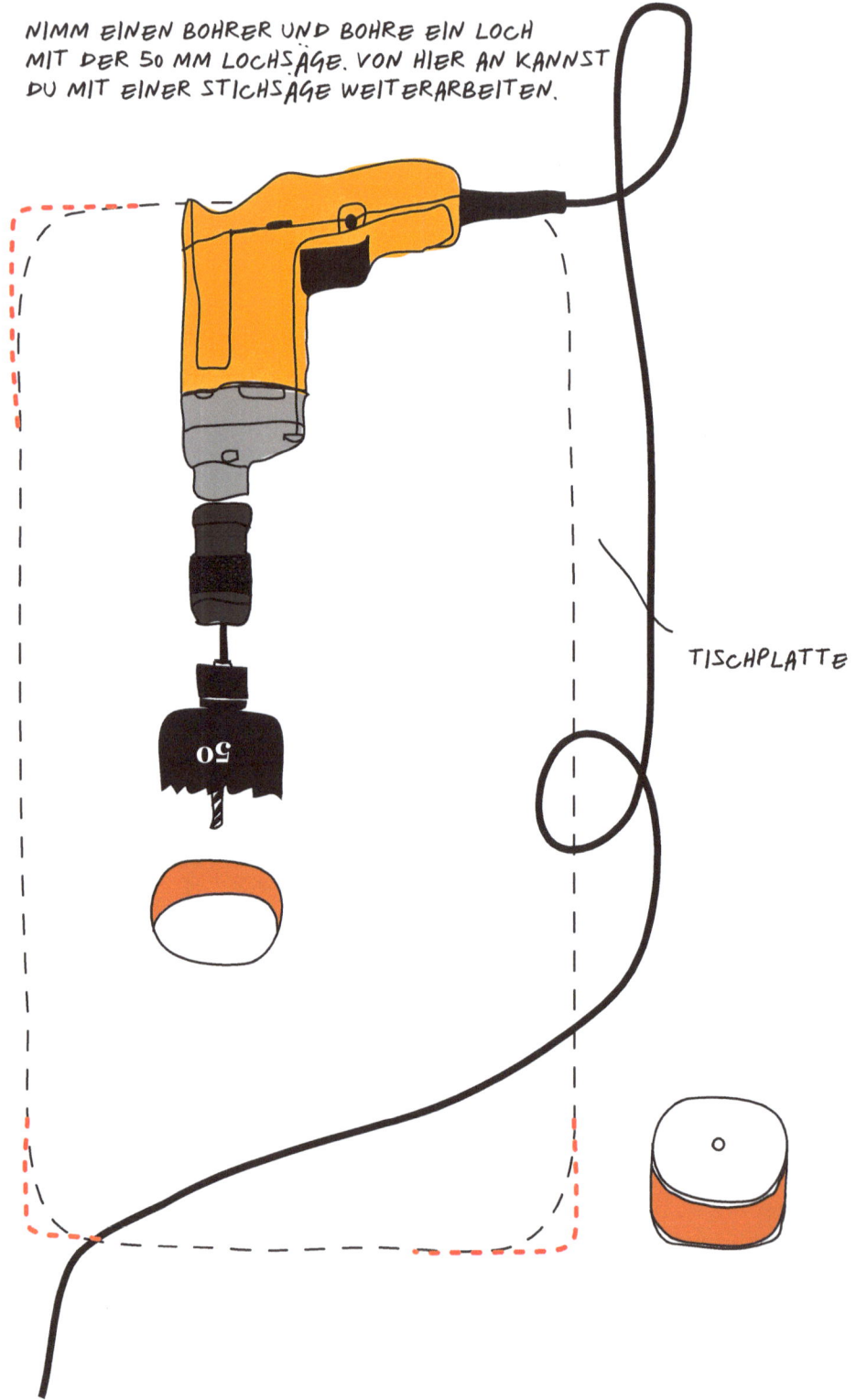

TISCHPLATTE

E SCHALTE DIE STICHSÄGE EIN UND SCHNEIDE ENTLANG DER ANGEZEICHNETEN LINIE. LASS DIR SO VIEL ZEIT WIE DU BRAUCHST; ES HERRSCHT KEIN DRUCK. UND BITTE SEI VORSICHTIG, DENN STICHSÄGEN SIND GEFÄHRLICH.

TISCHPLATTE

F GLÜCKWUNSCH!
DIE ÖFFNUNG IST FERTIG. SETZE DICH HIN
UND FREUE DICH ÜBER DIE GUTE ARBEIT.

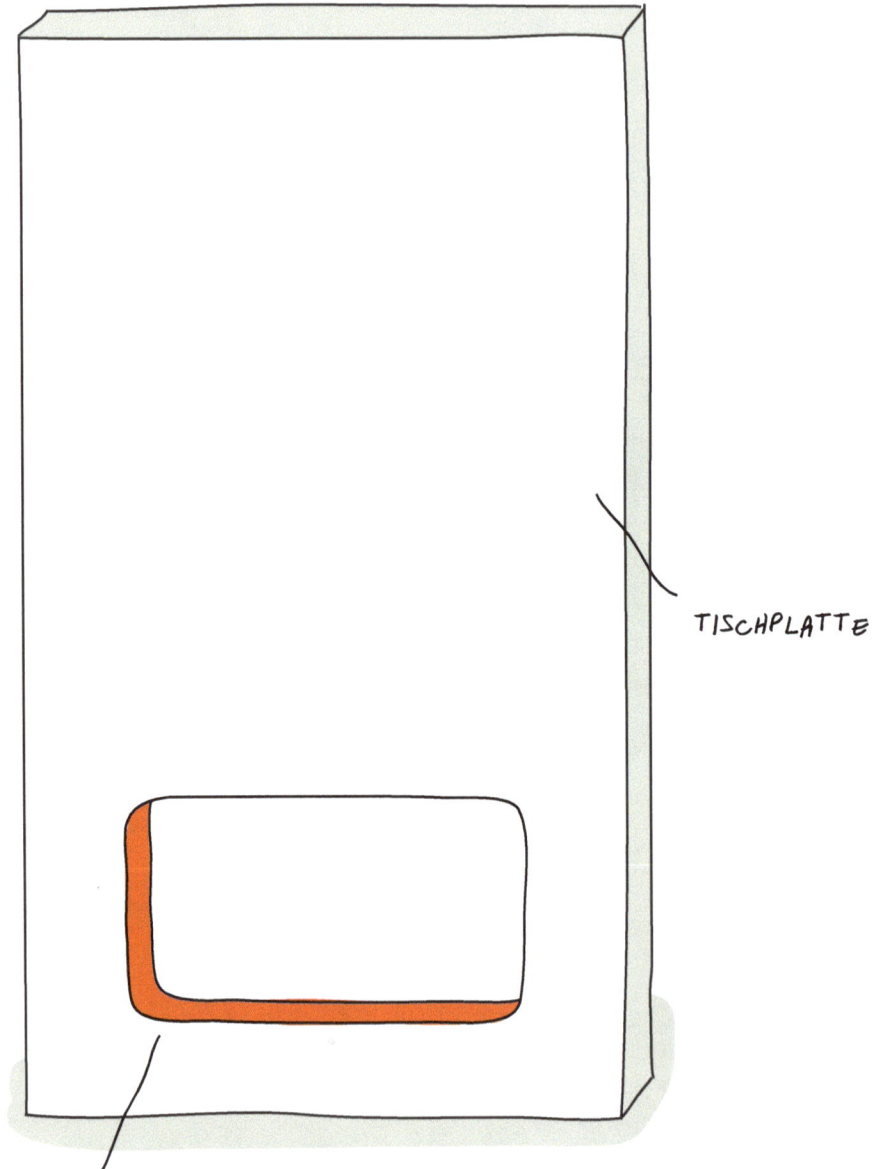

TISCHPLATTE

DER SCHNITT KANN DURCHAUS EIN WENIG
GROB SEIN. KEINE SORGEN, NIEMAND WIRD
ES SEHEN.

2 DIE TISCHBEINE VORBEREITEN

A

PLATZIERE DIE TROFAST BEHÄLTER
(DIE GRÖSSEREN) AUFEINANDER.

DIESE SEITE WIRD VON
UNTEN MIT DER TISCH-
PLATTE VERBUNDEN.

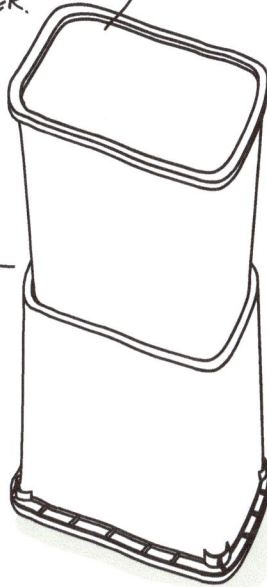

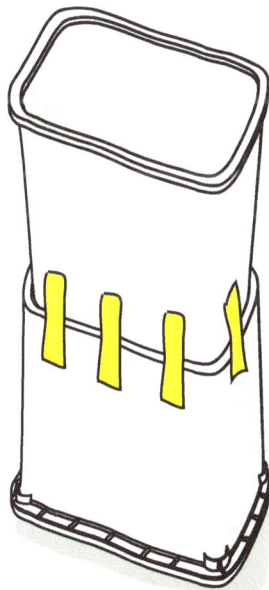

UM ZU VERHINDERN,
DASS DIE BOXEN WEG-
RUTSCHEN, SOLLTE MAN
SIE MIT KABELBINDERN
FIXIEREN.

B

VERWENDE WÄHREND DU DIE
LÖCHER BOHRST KLEBEBAND,
UM DIE BOXEN IN DER
RICHTIGEN POSITION ZU
HALTEN. DU KANNST ES,
NACHDEM DU FERTIG GE-
BOHRT HAST, EINFACH WIEDER
ENTFERNEN.

C STAPELE DIE BOXEN AUFEINANDER UND MACHE DREI MAL ZWEI MARKIERUNGEN WIE GEZEIGT.

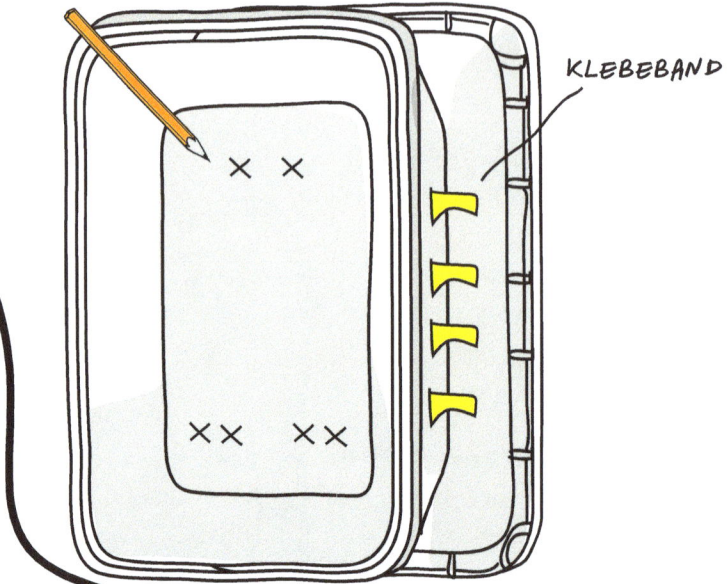

KLEBEBAND

D HALTE DIE BEHÄLTER IN DIESER POSITION FEST UND BOHRE LÖCHER AN DEN MARKIERTEN PUNKTEN. DU MUSST DURCH BEIDE BOXEN BOHREN, STELLE DAHER ALSO SICHER, DASS SIE NICHT VERRUTSCHEN, WÄHREND DU BOHRST. DIE BOHRLÖCHER MÜSSEN GENAU SEIN.

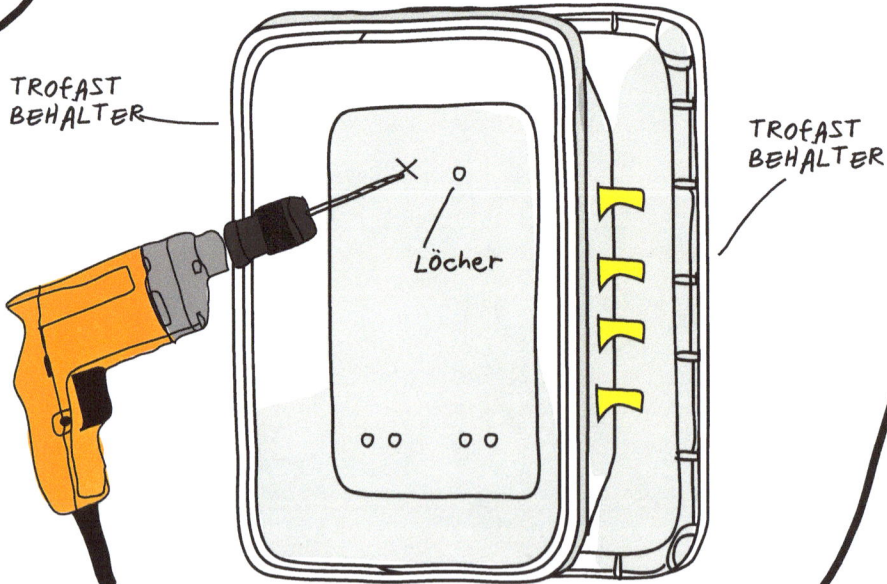

TROFAST BEHÄLTER

Löcher

TROFAST BEHÄLTER

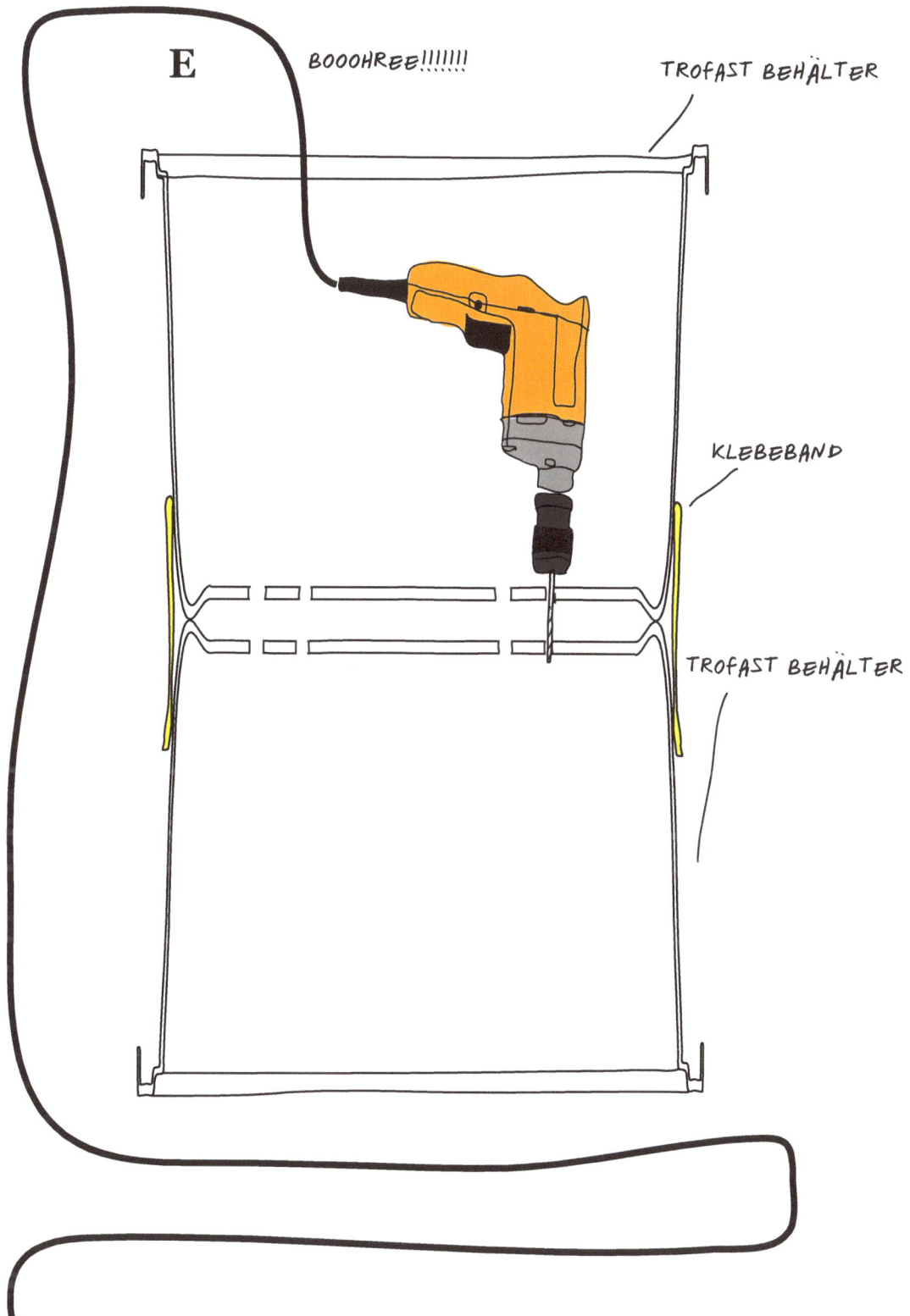

E

BOOOHREE!!!!!!!!

TROFAST BEHÄLTER

KLEBEBAND

TROFAST BEHÄLTER

F FIXIERE DIE BOXEN ANEINANDER, INDEM DU
EINEN KABELBINDER DURCH DIE LÖCHER FIEDELST
UND IHN FESTZIEHST. DAS GANZE IST ETWAS MÜHSEHLIG.
SEI GEDULDIG.

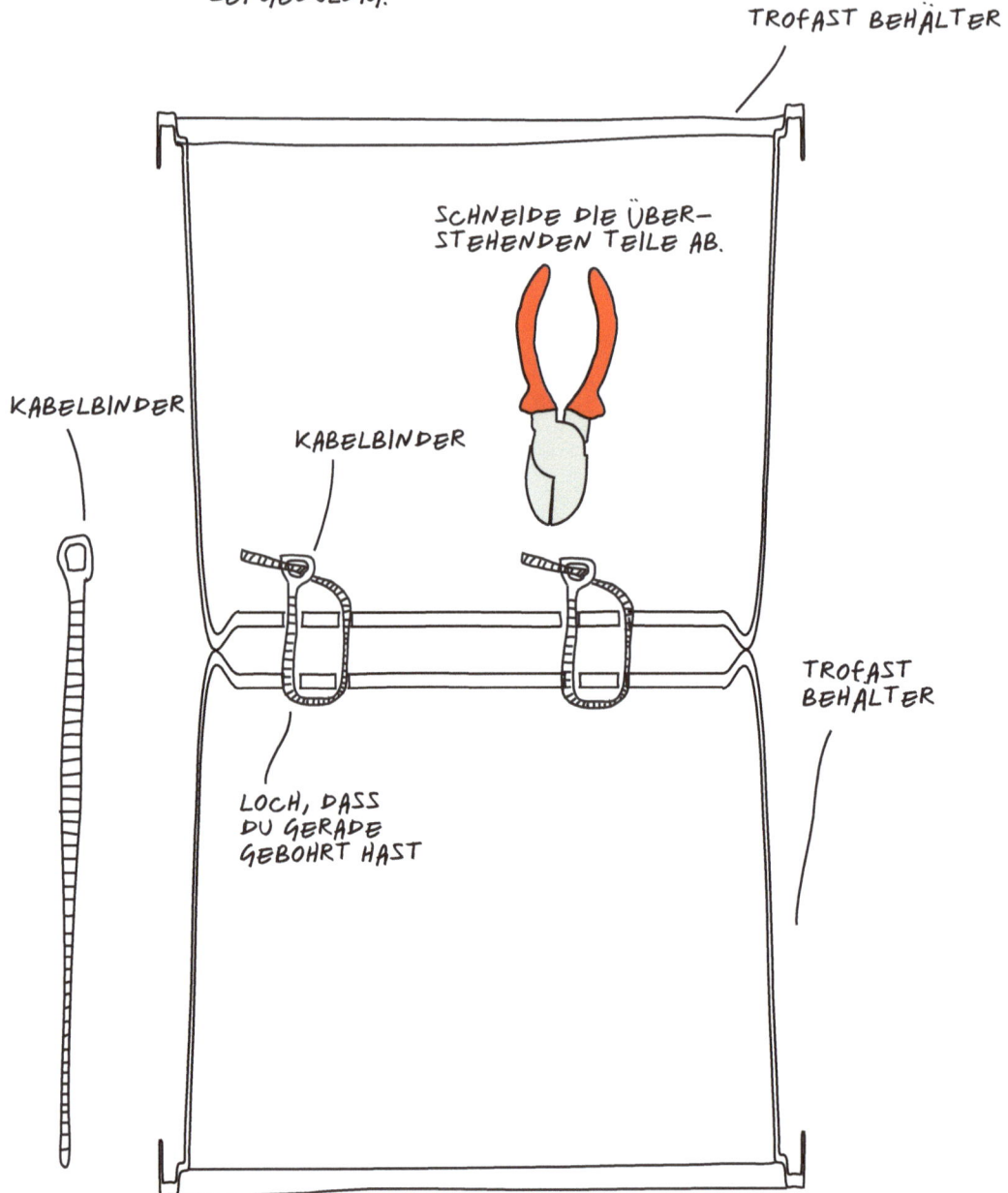

TROFAST BEHÄLTER

SCHNEIDE DIE ÜBER-
STEHENDEN TEILE AB.

KABELBINDER

KABELBINDER

TROFAST
BEHÄLTER

LOCH, DASS
DU GERADE
GEBOHRT HAST

F WIEDERHOLE DEN VORGANG AUCH FÜR DAS ZWEITE PAAR.

3 DIE TISCHPLATTE BEFESTIGEN

JETZT WIRD ES ZEIT DIE TISCHPLATTE AN
DEN BEINEN ZU BEFESTIGEN.

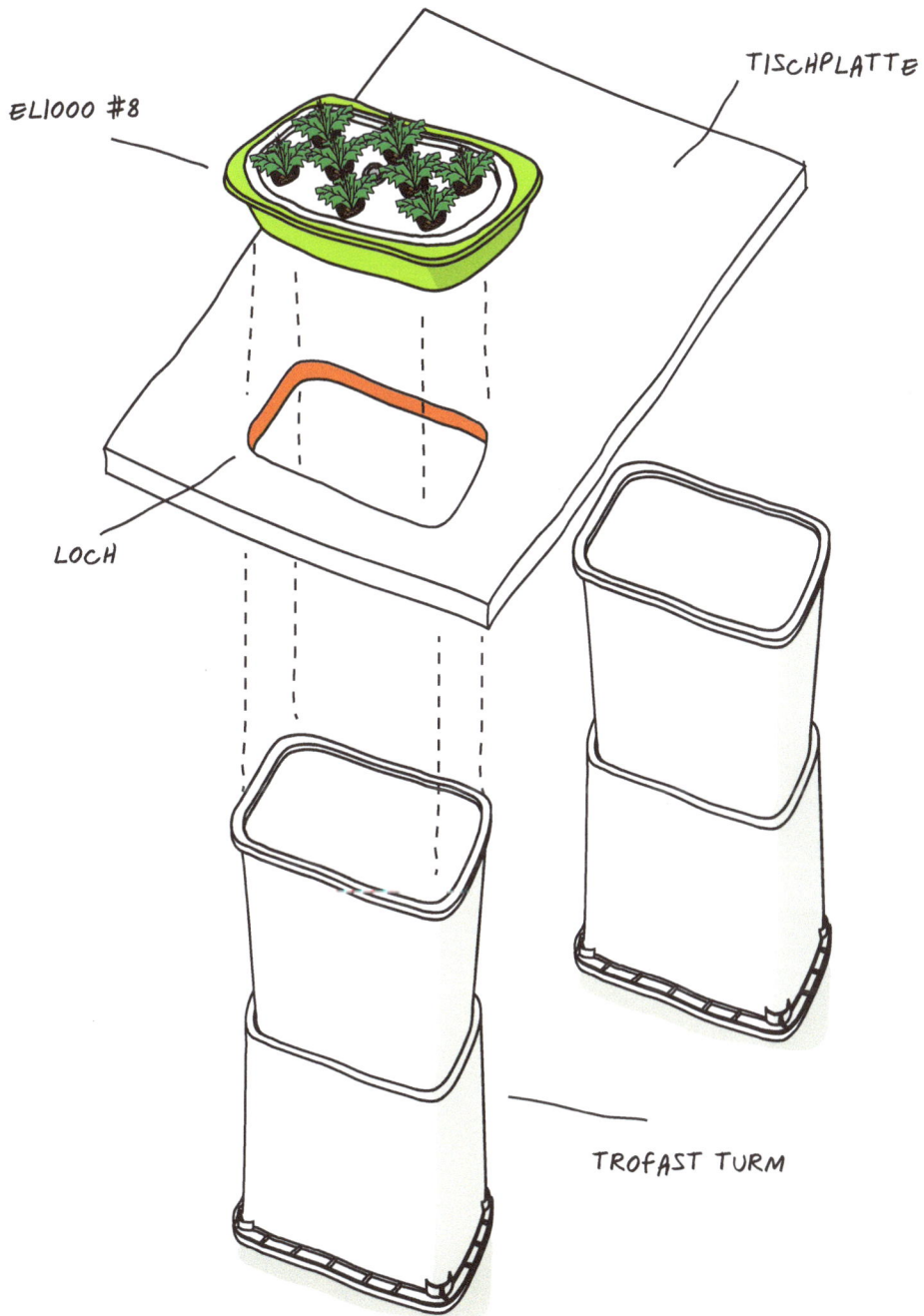

EL1000 #8

TISCHPLATTE

LOCH

TROFAST TURM

A PLATZIERE DEN TROFAST "TURM" UNTER DER TISCHPLATTE. WENN MAN NUN VON OBEN AUF DIE PLATTE SCHAUT, SOLLTE MAN DIE KANTEN DES LOCHES NICHT MEHR SEHEN.

BEVOR DU DIE PLATTE BEFESTIGST, GEHE WEITER ZU SCHRITT B.

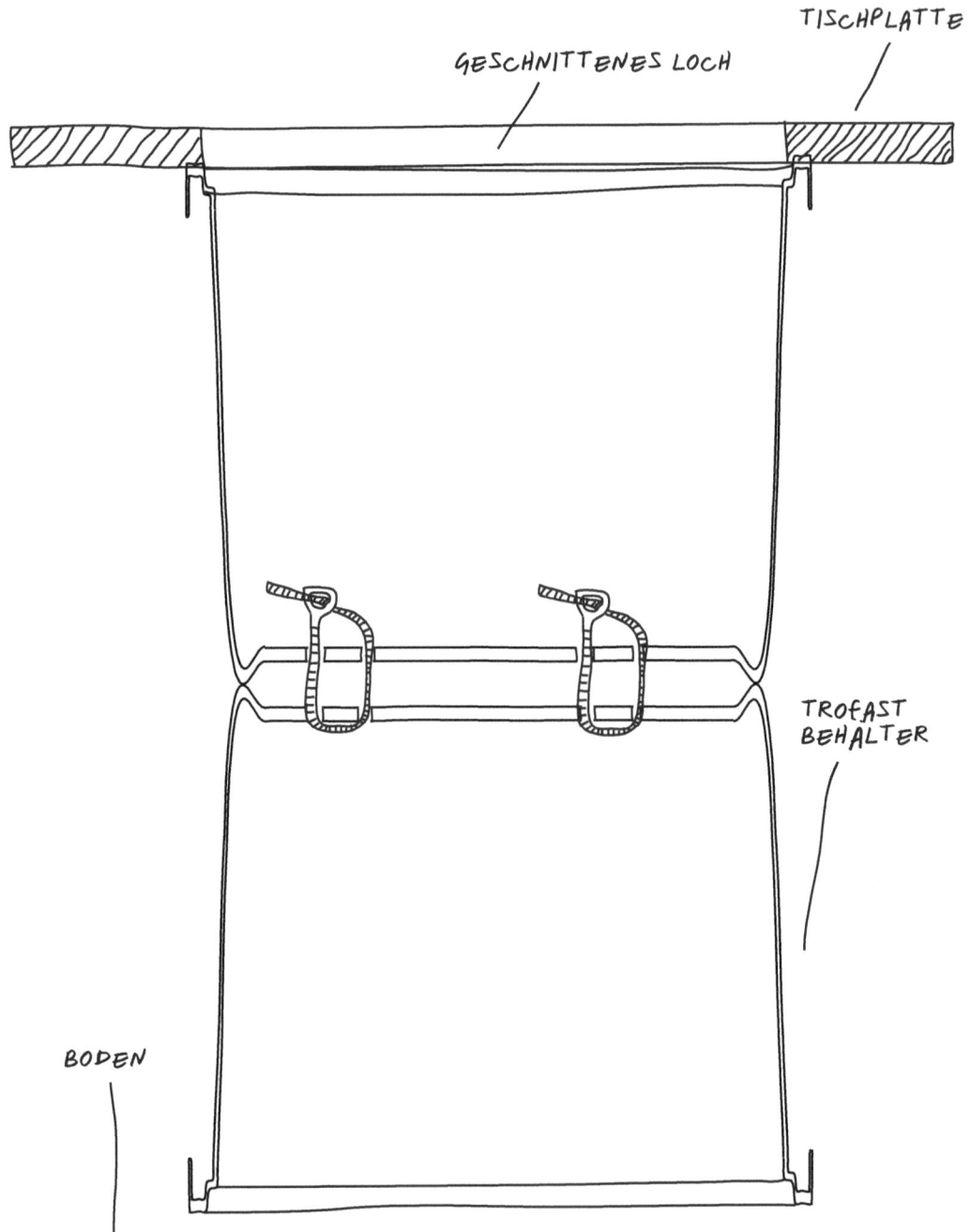

TISCHPLATTE

GESCHNITTENES LOCH

TROFAST BEHALTER

BODEN

B STELLE SICHER, DASS EL1000 #8 IN DIE ÖFFNUNG PASST. DER BEHÄLTER SOLLTE DIE GROB GESCHNITTENEN KANTEN GUT VERDECKEN KÖNNEN. DU KANNST DIE BOX JEDER ZEIT HERAUSNEHMEN UND DEN DARUNTERLIEGENDEN RAUM BENUTZEN, UM BSPW. GARTENZUBEHÖR ZU VERSTAUEN.

DU KANNST DIE BOX HIER ANHEBEN

PLATZ FÜR EIN EL1000 #8

STAURAUM

5 ML

DÜNGER

TROFAST BEHÄLTER

C DREHE DEN TISCH HERUM
UND BEFESTIGE DIE BOXEN
MIT JE VIER SCHRAUBEN AN
DER TISCHPLATTE. DAS SORGT
FÜR ZUSÄTZLICHE STABILITÄT.

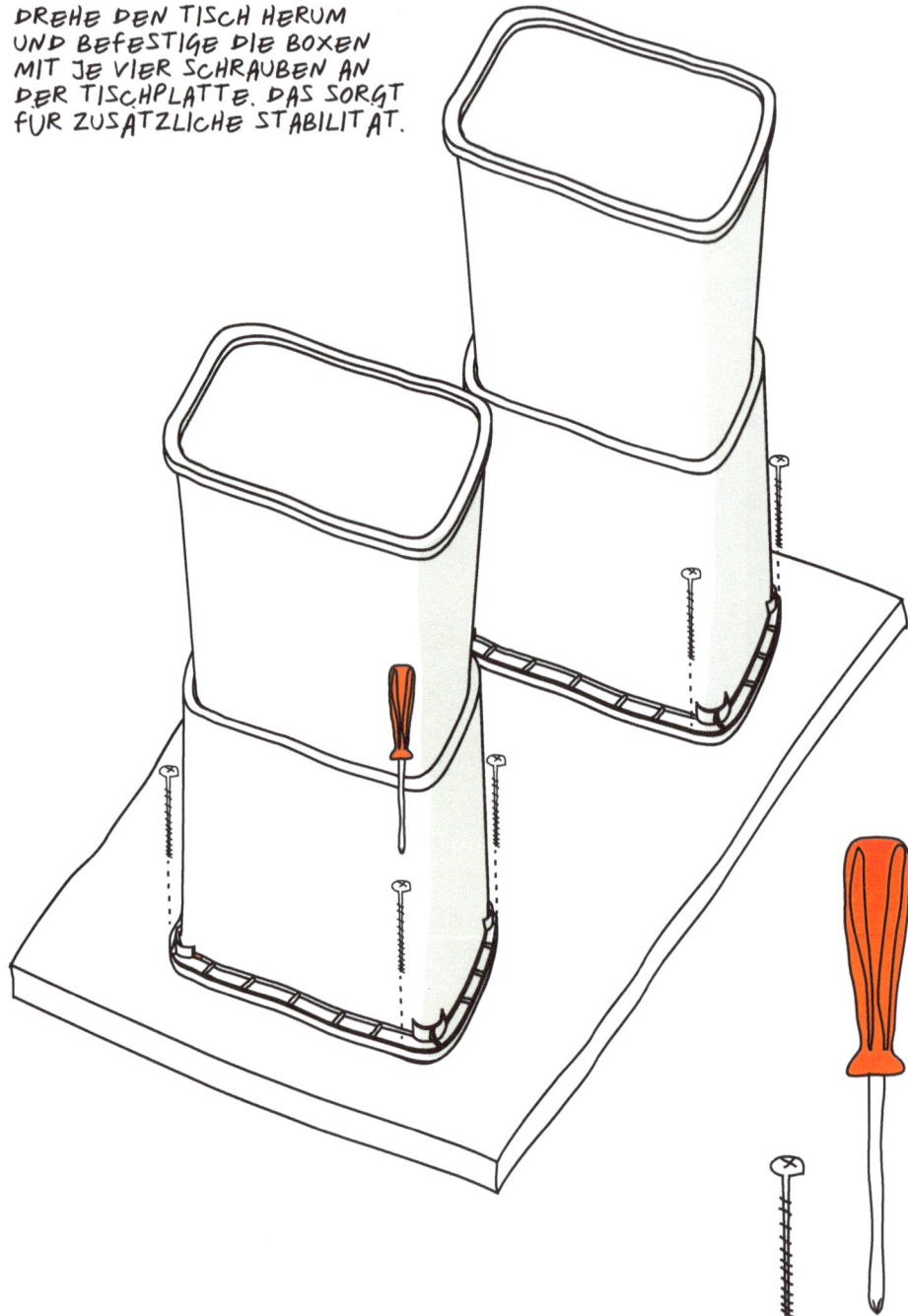

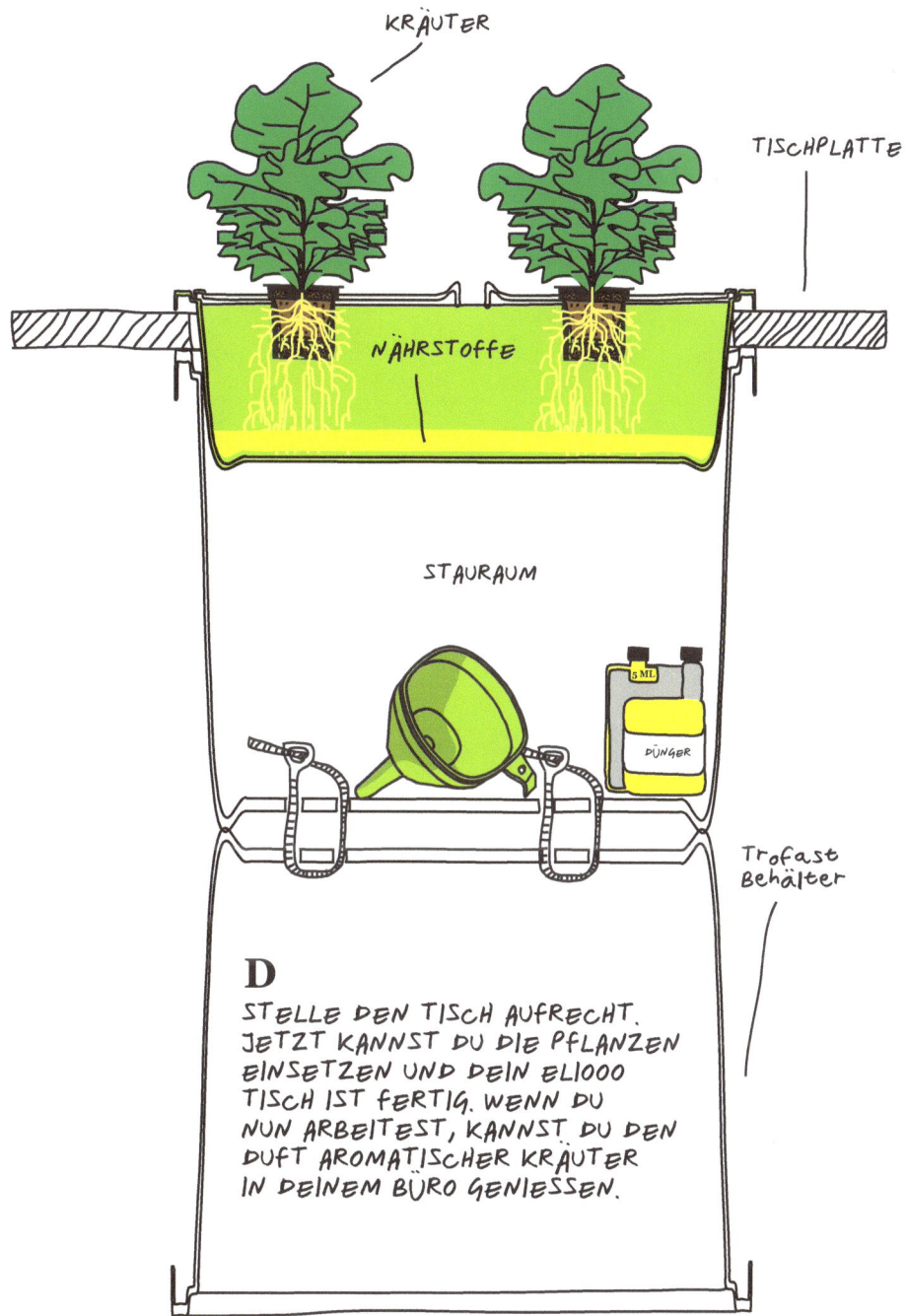

KRÄUTER

TISCHPLATTE

NÄHRSTOFFE

STAURAUM

5 ML

DÜNGER

Trofast
Behälter

D

STELLE DEN TISCH AUFRECHT.
JETZT KANNST DU DIE PFLANZEN
EINSETZEN UND DEIN ELI000
TISCH IST FERTIG. WENN DU
NUN ARBEITEST, KANNST DU DEN
DUFT AROMATISCHER KRÄUTER
IN DEINEM BÜRO GENIESSEN.

ELIOOO BÜRO

ELIOOO #30

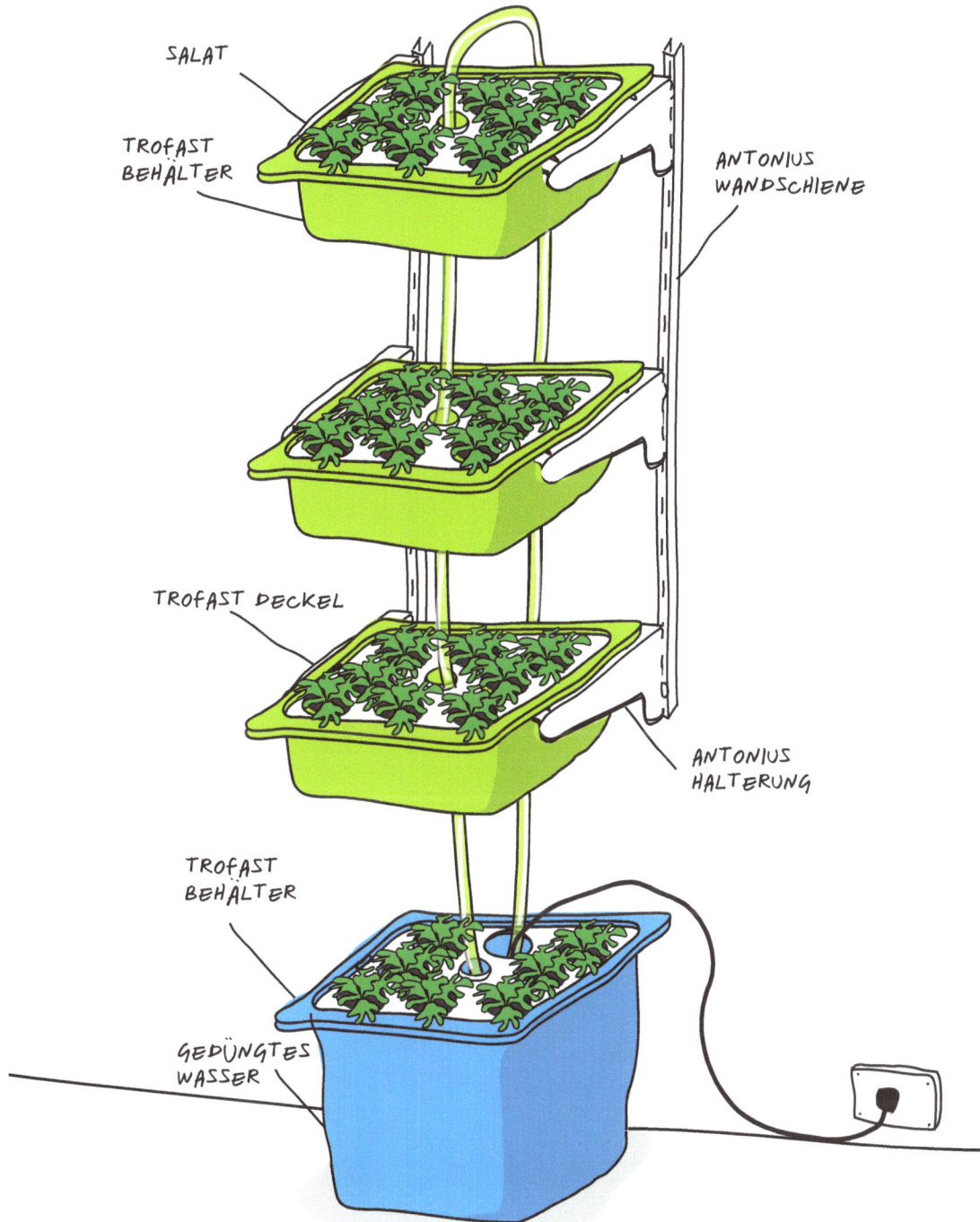

SALAT

TROFAST
BEHÄLTER

ANTONIUS
WANDSCHIENE

TROFAST DECKEL

ANTONIUS
HALTERUNG

TROFAST
BEHÄLTER

GEDÜNGTES
WASSER

ELIOOO #30 WAS DU BRAUCHST

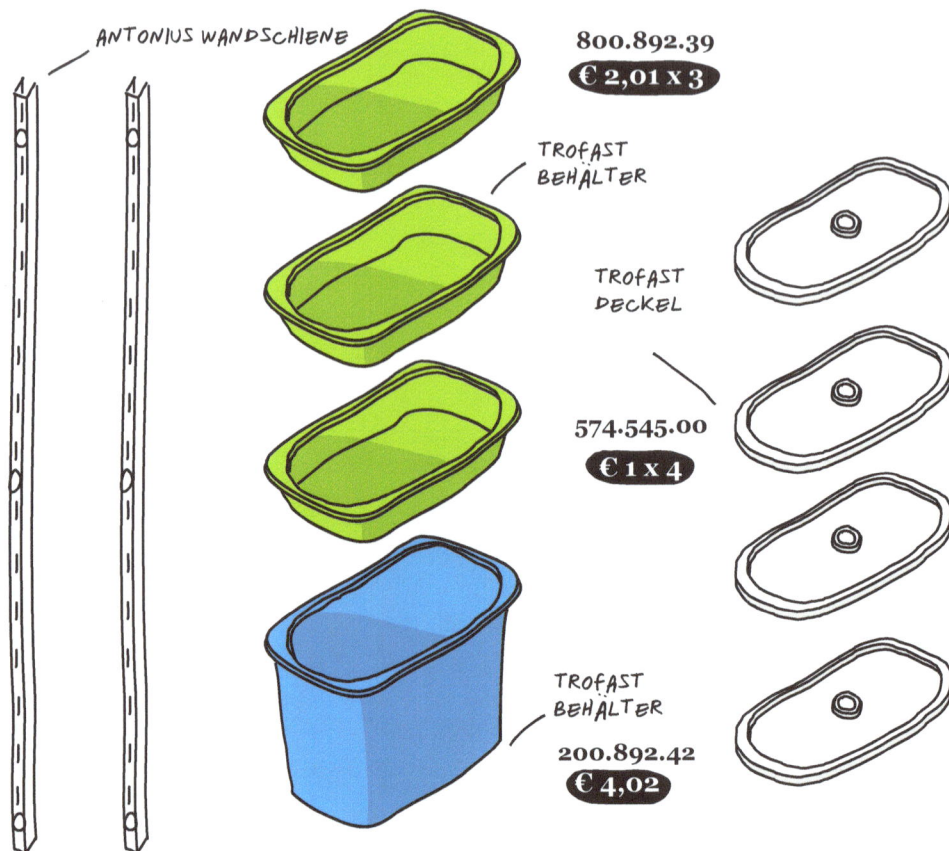

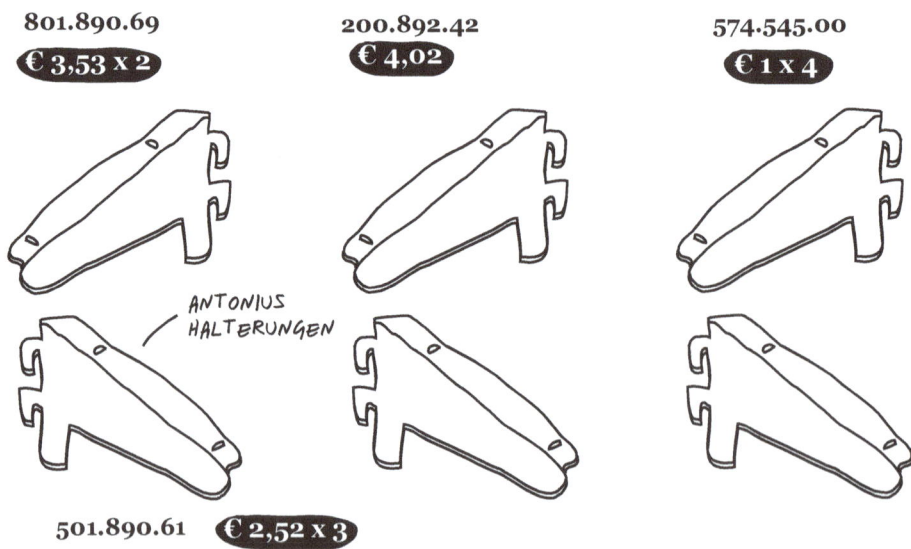

ANTONIUS WANDSCHIENE

800.892.39

€ 2,01 x 3

TROFAST BEHALTER

TROFAST DECKEL

574.545.00

€ 1 x 4

TROFAST BEHALTER

200.892.42

€ 4,02

801.890.69

€ 3,53 x 2

200.892.42

€ 4,02

574.545.00

€ 1 x 4

ANTONIUS HALTERUNGEN

501.890.61 € 2,52 x 3

AUS EINER GÄRTNEREI

NETZTOPF Ø 5 CM

DÜNGER

5 ML

TOP
seeds

STARTSUBSTRAT

HYDROTON

BENÖTIGTES ZUBEHÖR

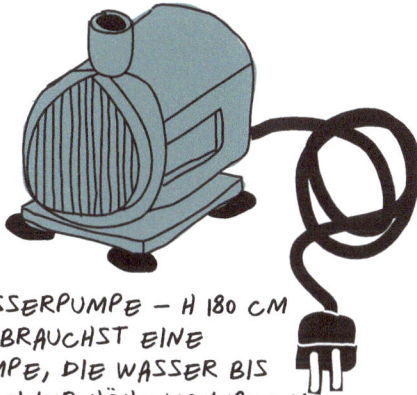

WASSERPUMPE — H 180 CM
DU BRAUCHST EINE
PUMPE, DIE WASSER BIS
ZU EINER HÖHE VON 180 CM
TRANSPORTIEREN KANN.
ÜBLICHERWEISE VERBRAUCHEN
DIESE PUMPEN ETWA 25W.

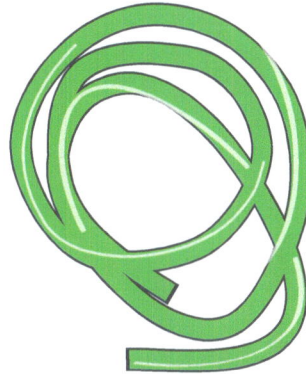

GRÜNER SCHLAUCH Ø 16MM
3 METER LANG
EINER, DEN MAN FÜR EIN
AQUARIUM VERWENDEN
KANN, SOLLTE IN ORDNUNG SEIN.

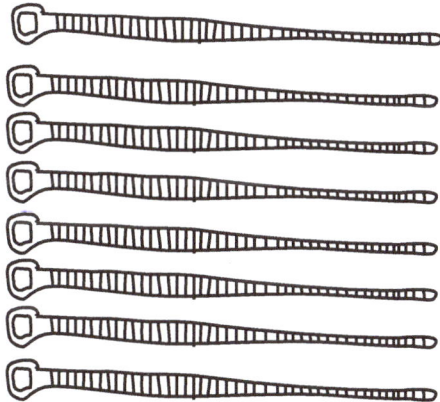

KABELBINDER

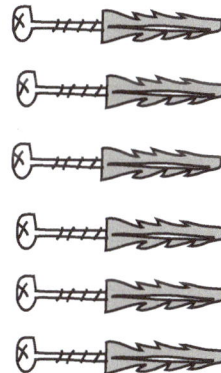

SCHRAUBEN UND DÜBEL Ø 6 mm

WERKZEUGE

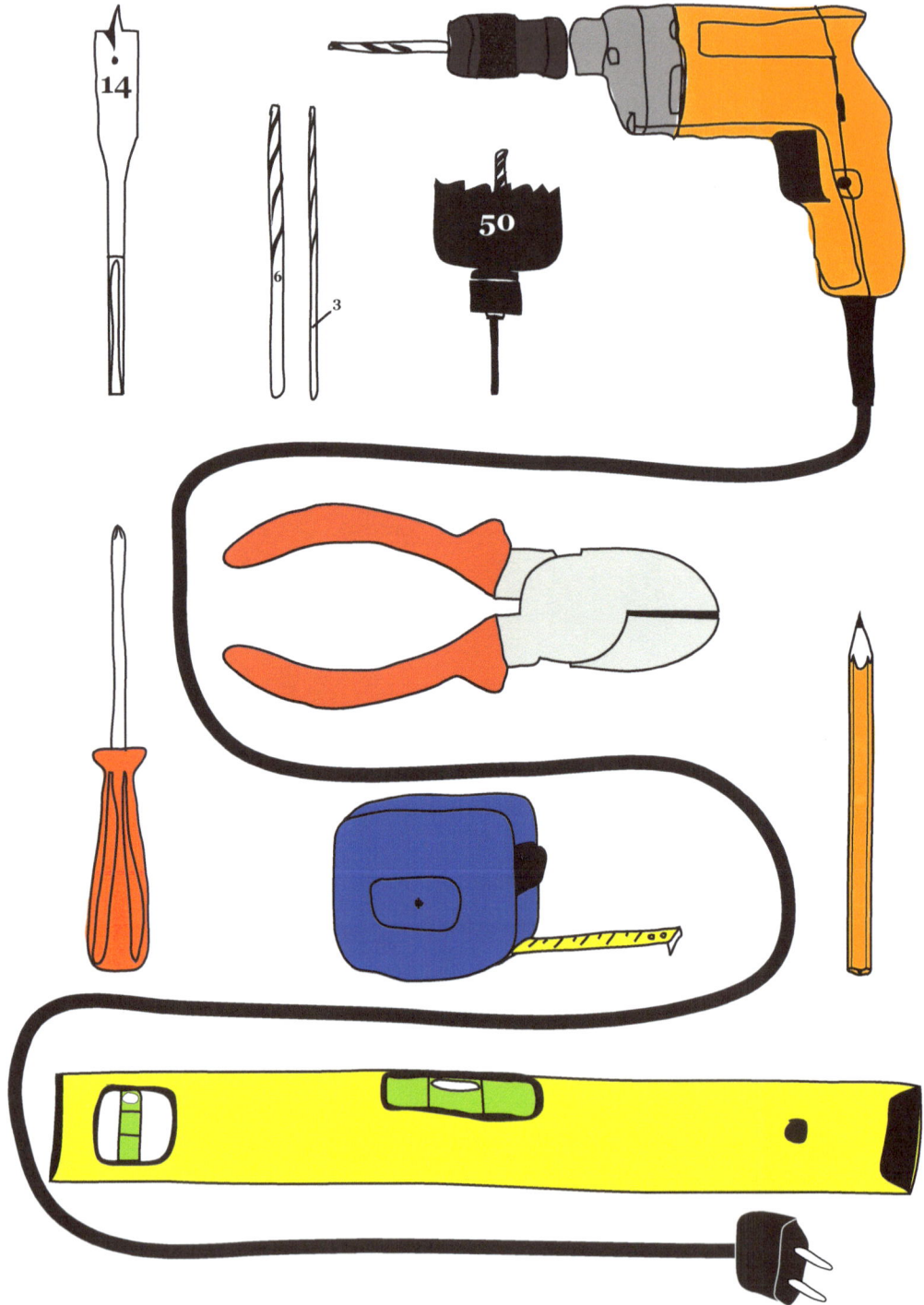

1 **POSITIONIEREN**

42

A MACHE DIR AN DER WAND, AN DER DU DIE ANTONIUS WANDSCHIENEN ANBRINGEN WILLST, MIT EINEM BLEISTIFT ZWEI KREUZE. HALTE DICH AN DIE ABGEBILDETEN MASSE UND STELLE SICHER, DASS DIE MARKIERUNGEN WAAGRECHT ZUEINANDER SIND.

WAND

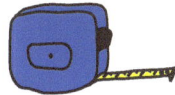

B BOHRE AN DEN MARKIERTEN STELLEN EIN LOCH MIT 6 MM DURCHMESSER. PLATZIERE DIE DÜBEL UND SCHRAUBEN MIT DER GLEICHEN GRÖSSE IN DIE LÖCHER.

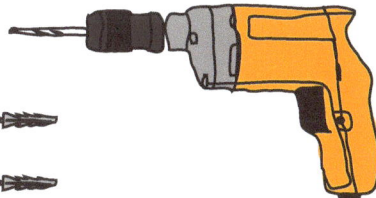

164

BODEN

2 BEFESTIGEN

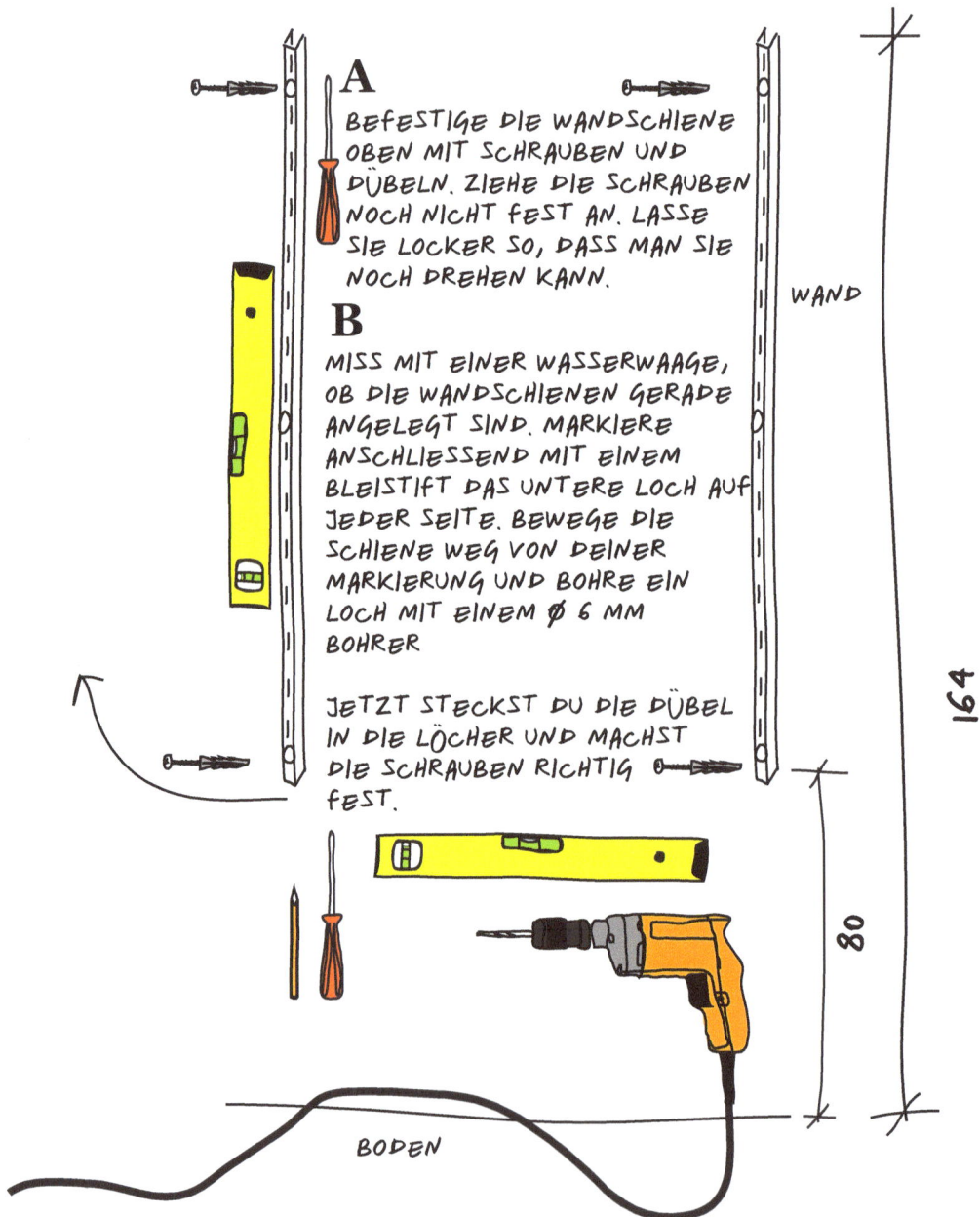

42

A

BEFESTIGE DIE WANDSCHIENE OBEN MIT SCHRAUBEN UND DÜBELN. ZIEHE DIE SCHRAUBEN NOCH NICHT FEST AN. LASSE SIE LOCKER SO, DASS MAN SIE NOCH DREHEN KANN.

B

MISS MIT EINER WASSERWAAGE, OB DIE WANDSCHIENEN GERADE ANGELEGT SIND. MARKIERE ANSCHLIESSEND MIT EINEM BLEISTIFT DAS UNTERE LOCH AUF JEDER SEITE. BEWEGE DIE SCHIENE WEG VON DEINER MARKIERUNG UND BOHRE EIN LOCH MIT EINEM Ø 6 MM BOHRER

JETZT STECKST DU DIE DÜBEL IN DIE LÖCHER UND MACHST DIE SCHRAUBEN RICHTIG FEST.

WAND

164

80

BODEN

3 ZUSAMMENSETZEN

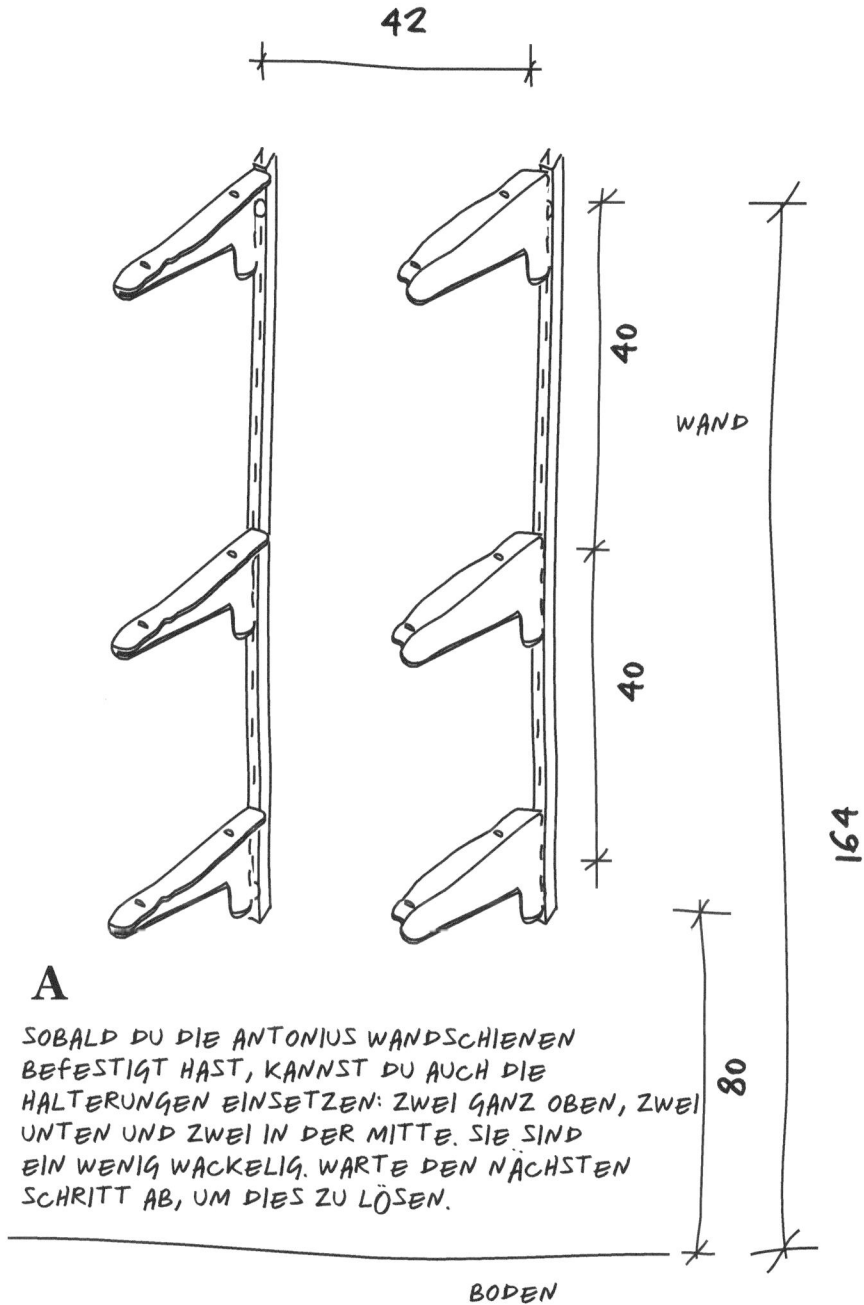

42

WAND

40

40

164

80

A

SOBALD DU DIE ANTONIUS WANDSCHIENEN
BEFESTIGT HAST, KANNST DU AUCH DIE
HALTERUNGEN EINSETZEN: ZWEI GANZ OBEN, ZWEI
UNTEN UND ZWEI IN DER MITTE. SIE SIND
EIN WENIG WACKELIG. WARTE DEN NÄCHSTEN
SCHRITT AB, UM DIES ZU LÖSEN.

BODEN

4 DIE AUFZUCHTBEHÄLTER VORBEREITEN

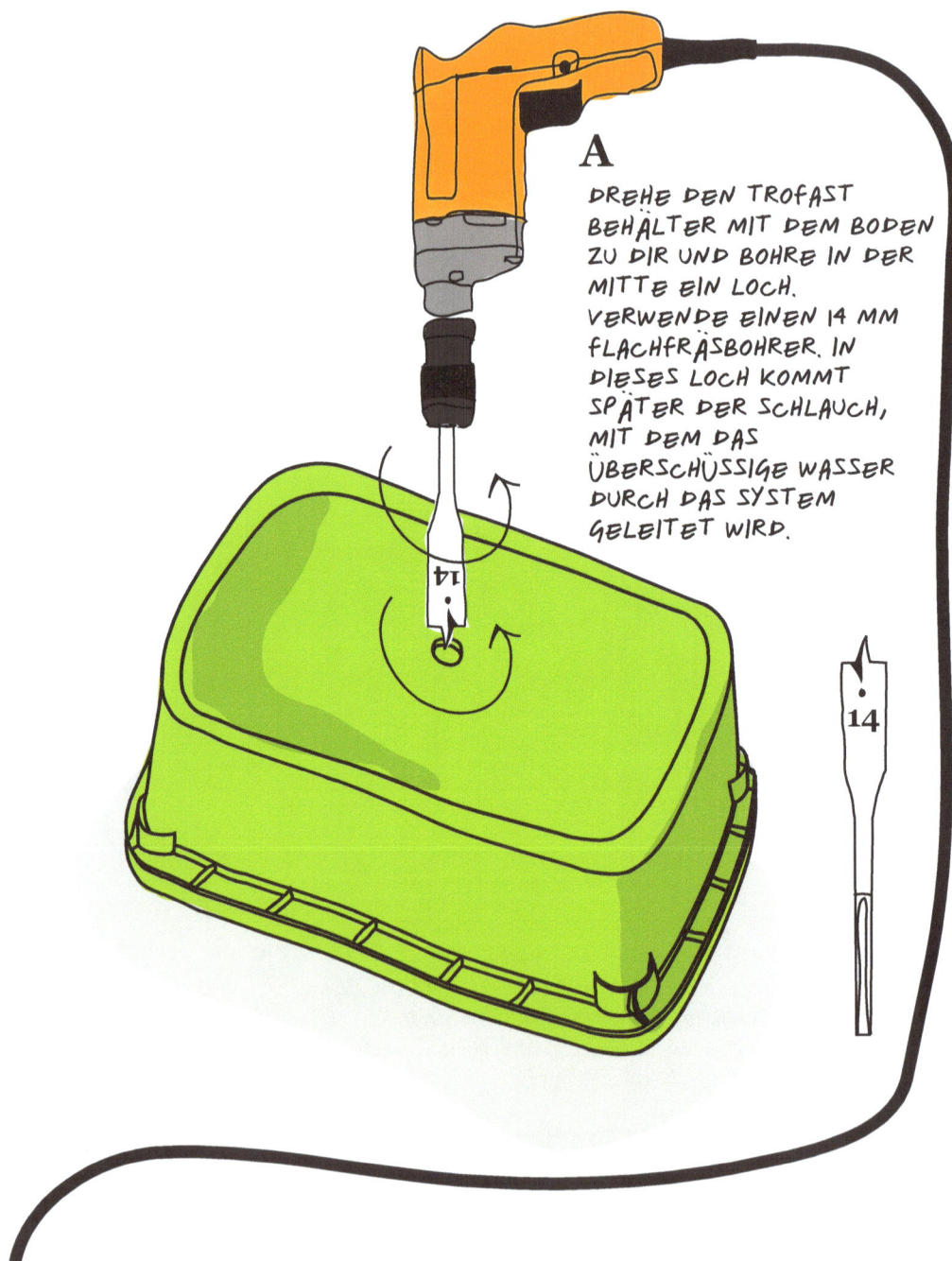

A

DREHE DEN TROFAST BEHÄLTER MIT DEM BODEN ZU DIR UND BOHRE IN DER MITTE EIN LOCH. VERWENDE EINEN 14 MM FLACHFRÄSBOHRER. IN DIESES LOCH KOMMT SPÄTER DER SCHLAUCH, MIT DEM DAS ÜBERSCHÜSSIGE WASSER DURCH DAS SYSTEM GELEITET WIRD.

B

MARKIERE DIR MIT EINEM BLEISTIFT
ACHT PUNKTE AUF DEM TROFAST DECKEL.

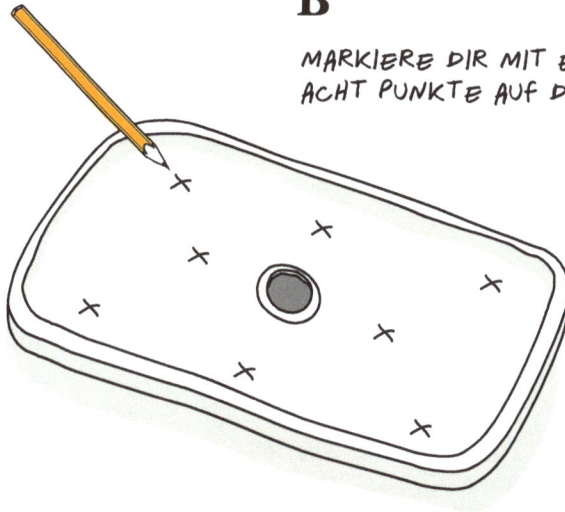

C

BOHRE DIE LÖCHER MIT EINER 50 MM
LOCHSÄGE. HIER KOMMEN DEINE NETZ-
TÖPFE HINEIN.
WIEDERHOLE DEN VORGANG FÜR ALLE
VERBLEIBENDEN TROFAST DECKEL.
IN DIESER VARIANTE WERDEN VIER
BEHÄLTER VERWENDET. DU KANNST DAS
SYSTEM ABER AUCH BELIEBIG
ERWEITERN.

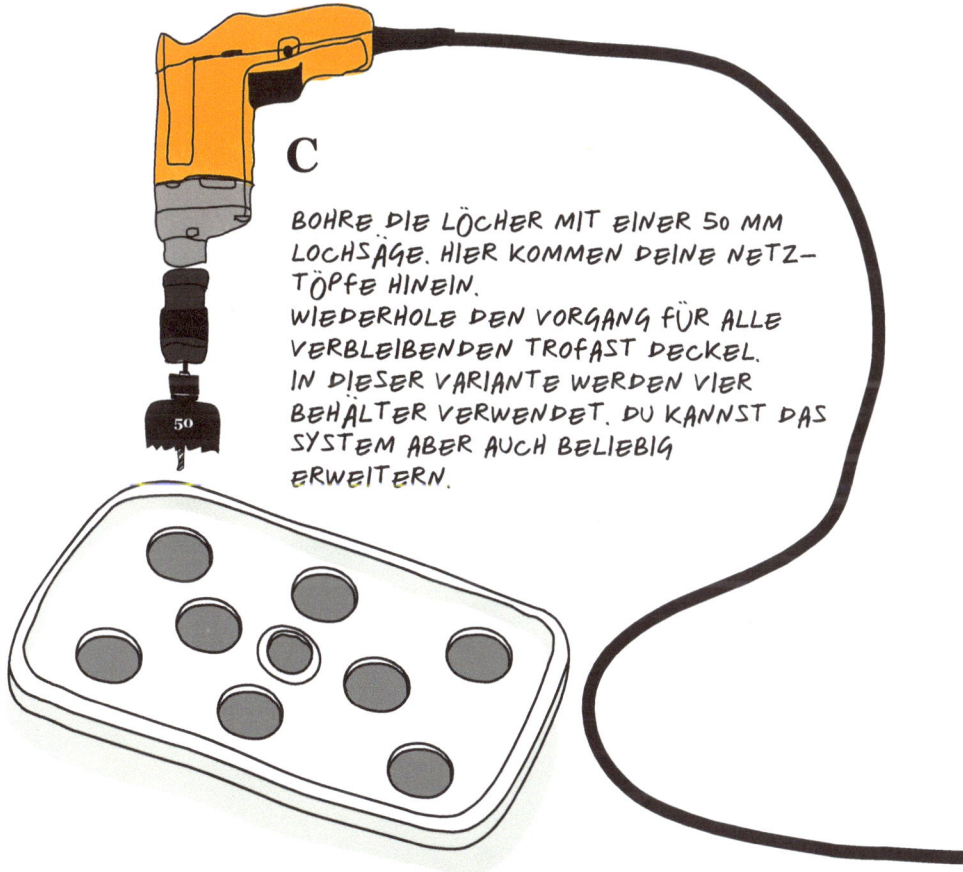

D

MACHE DIR JE
EINE MARKIERUNG IN
DER MITTE DES LINKEN
UND RECHTEN RANDES DER
TROFAST BOX. BOHRE NUN JE EIN
LOCH MIT EINEM 3 MM BOHRER.
DIESE LÖCHER WERDEN BENÖ-
TIGT, UM DIE BOX MIT KABEL-
BINDERN AN DEN REGALHALTE-
RUNGEN ANZUBRINGEN.

3

TROFAST BEHÄLTER

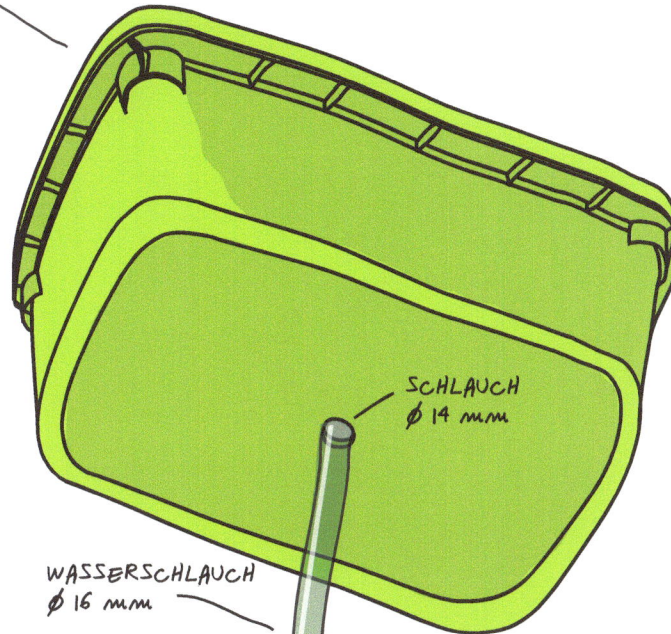

SCHLAUCH
Ø 14 mm

WASSERSCHLAUCH
Ø 16 mm

E

SETZTE DEN SCHLAUCH IN DAS LOCH IN DER MITTE DER BOX EIN. DU MUSST IHN ETWAS ZUSAMMENDRÜCKEN, DAMIT ER HINEIN PASST, DA DAS LOCH EINEN DURCHMESSER VON 14 MM UND DER SCHLAUCH EINEN DURCHMESSER VON 16 MM HAT. DAS IST ABER BEABSICHTIGT, DA HIERDURCH DRUCK ENTSTEHT, DER DAFÜR SORGEN WIRD, DASS DER SCHLAUCH NICHT LECKT. DAS GANZE IST ETWAS MÜHSAM, ES WIRD ABER FUNKTIONIEREN. DU KANNST AUCH EIN WENIG SEIFE VERWENDEN, UM ES DIR LEICHTER ZU MACHEN. WIEDERHOLE DEN VORGANG MIT DEN RESTLICHEN DREI BEHÄLTERN.

DER SCHLAUCH SOLLTE NICHT WEITER ALS 2-3 CM IN DEN TROFAST BEHÄLTER HINEIN RAGEN. SO KANNST DU DEN WASSERSTAND IN JEDER BOX REGULIEREN. REIN TECHNISCH GESEHEN, BRAUCHST DU NICHT MEHR ALS EINEN KLEINEN FLUSS.

5 DIE AUFZUCHTBEHÄLTER BEFESTIGEN

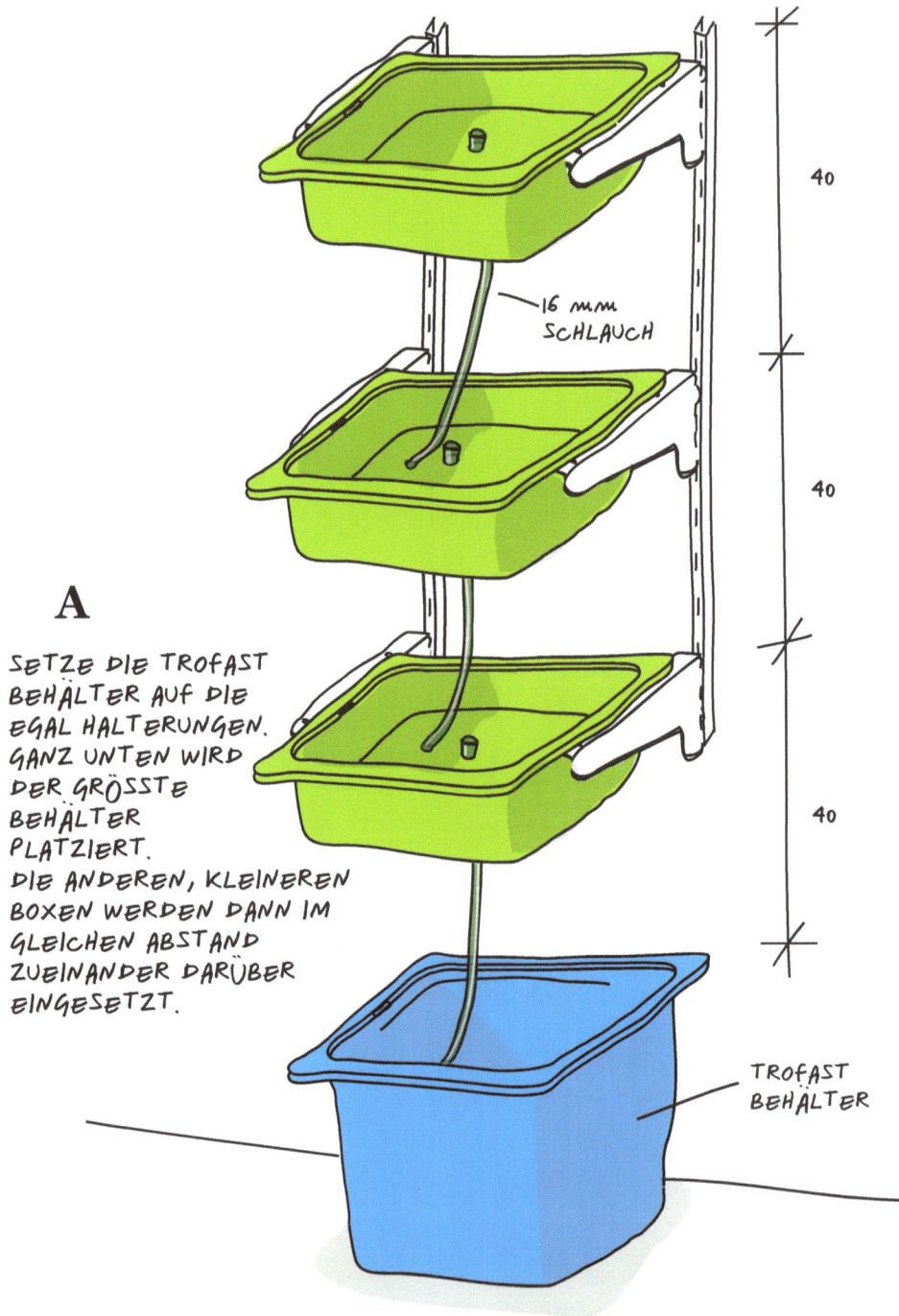

16 mm SCHLAUCH

40

40

40

A

SETZE DIE TROFAST BEHÄLTER AUF DIE EGAL HALTERUNGEN. GANZ UNTEN WIRD DER GRÖSSTE BEHÄLTER PLATZIERT.
DIE ANDEREN, KLEINEREN BOXEN WERDEN DANN IM GLEICHEN ABSTAND ZUEINANDER DARÜBER EINGESETZT.

TROFAST BEHÄLTER

B

FÄDLE DEN KABELBINDER
DURCH DAS GERADE GEBOHRTE
LOCH. VERBINDE
ANSCHLIESSEND DEN
KABELBINDER MIT DEM
VORDEREN LOCH DER
REGALHALTERUNGEN UND
ZIEHE IHN FEST.

E

SCHNEIDE DIE
ÜBERSTEHENDEN
TEILE DES
KABELBINDERS
AB

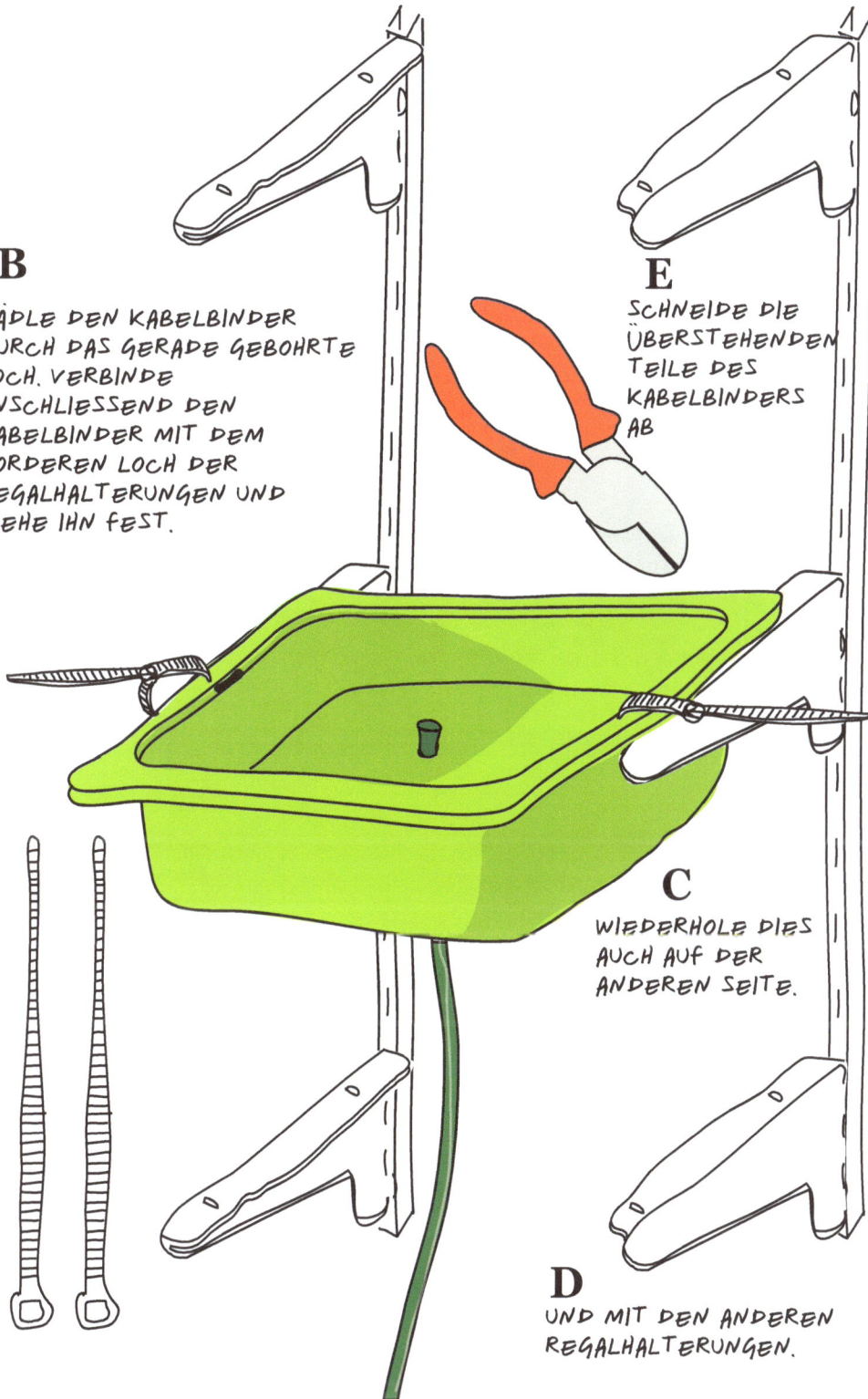

C

WIEDERHOLE DIES
AUCH AUF DER
ANDEREN SEITE.

D

UND MIT DEN ANDEREN
REGALHALTERUNGEN.

6 PUMPEN, PFLANZEN UND SCHLÄUCHE
PPS

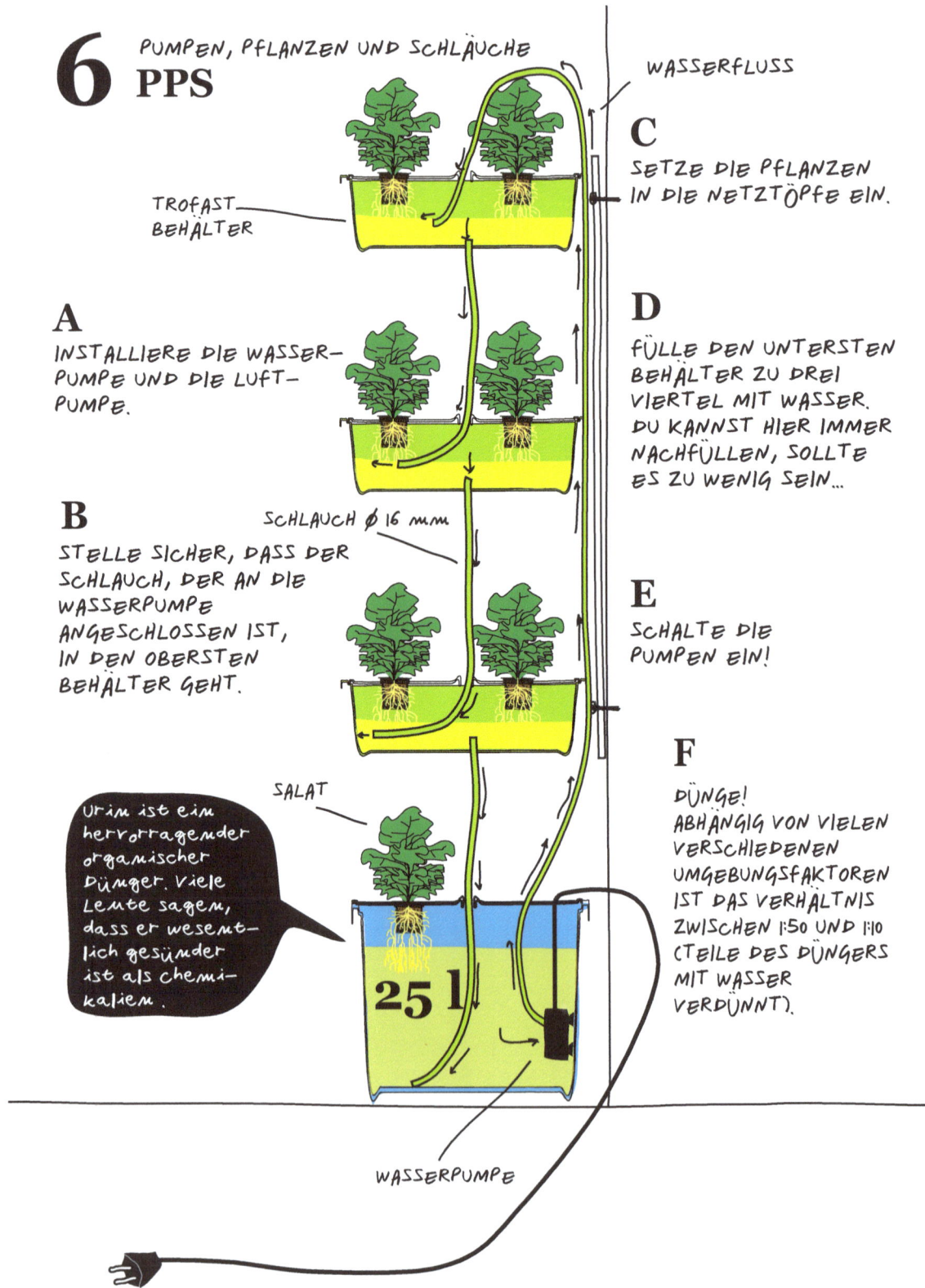

WASSERFLUSS

TROFAST BEHÄLTER

C

SETZE DIE PFLANZEN IN DIE NETZTÖPFE EIN.

A

INSTALLIERE DIE WASSER-PUMPE UND DIE LUFT-PUMPE.

D

FÜLLE DEN UNTERSTEN BEHÄLTER ZU DREI VIERTEL MIT WASSER. DU KANNST HIER IMMER NACHFÜLLEN, SOLLTE ES ZU WENIG SEIN...

SCHLAUCH ⌀ 16 mm

B

STELLE SICHER, DASS DER SCHLAUCH, DER AN DIE WASSERPUMPE ANGESCHLOSSEN IST, IN DEN OBERSTEN BEHÄLTER GEHT.

E

SCHALTE DIE PUMPEN EIN!

SALAT

F

Urim ist ein hervorragender organischer Dünger. Viele Leute sagen, dass er wesentlich gesünder ist als chemikalien.

DÜNGE! ABHÄNGIG VON VIELEN VERSCHIEDENEN UMGEBUNGSFAKTOREN IST DAS VERHÄLTNIS ZWISCHEN 1:50 UND 1:10 (TEILE DES DÜNGERS MIT WASSER VERDÜNNT).

25 l

WASSERPUMPE

7 DIE NETZTÖPFE INS SYSTEM EINSETZEN

BENUTZE DAS GEZEIGTE LOCH IM DECKEL FÜR DEN SCHLAUCH. DADURCH IST ES LEICHT, IHN FÜR DIE ERNTE ODER EINE REINIGUNG ZU ENTFERNEN.

ALLE ANDEREN TECHNISCHEN TEILE, DEN SCHLAUCH EINGESCHLOSSEN, KÖNNEN DURCH DIESES LOCH IN DER TROFAST BOX GELEITET WERDEN.

NUN KANNST DU DIE NETZTÖPFE IN DIE AUFZUCHTBEHÄLTER EINSETZEN. DIE PFLANZEN SOLLTEN DAS WASSER NICHT DIREKT BERÜHREN. DIE WURZELN WERDEN ZUM WASSER HIN WACHSEN.

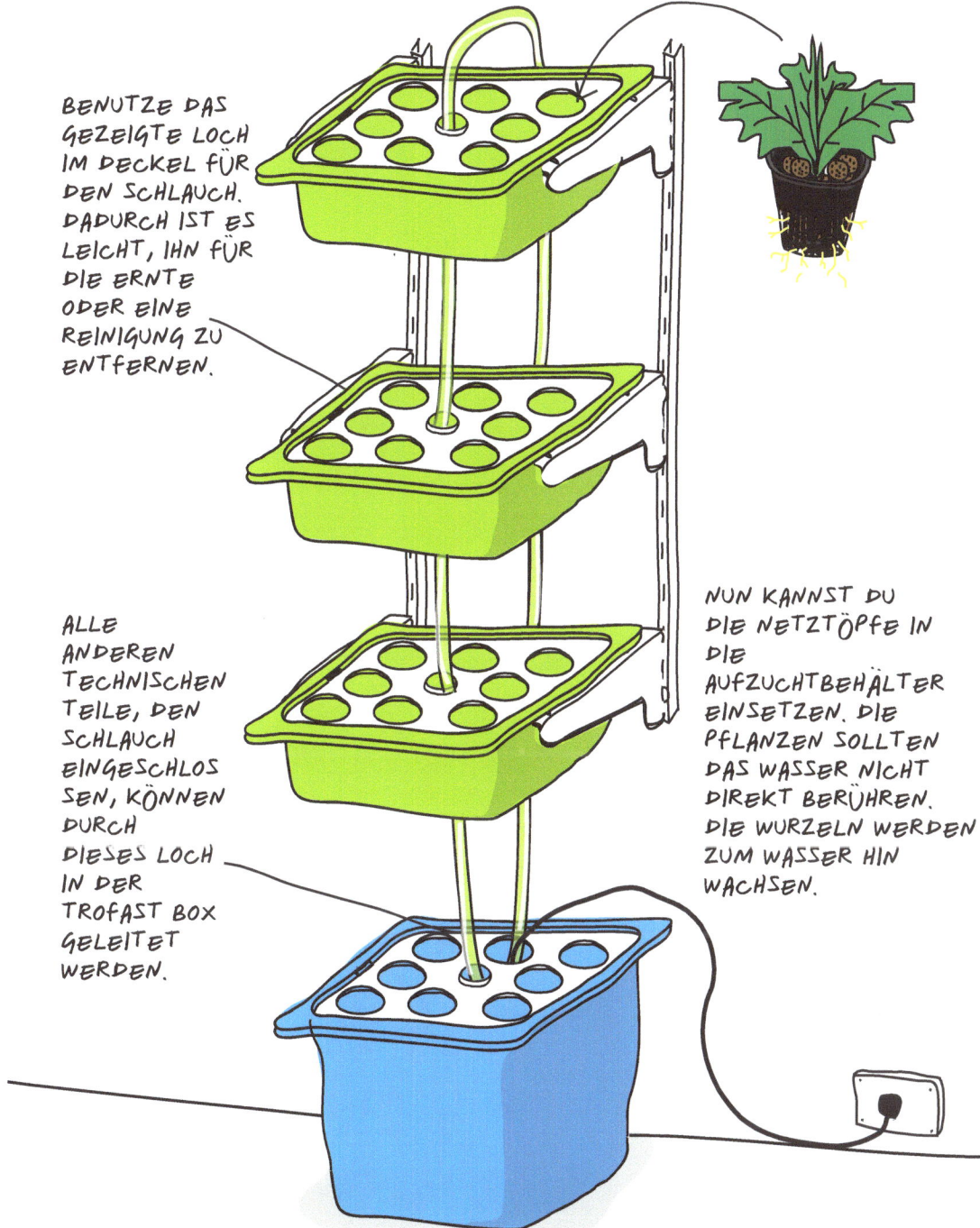

GENIESSE!

ELIOOO #30 Mobil

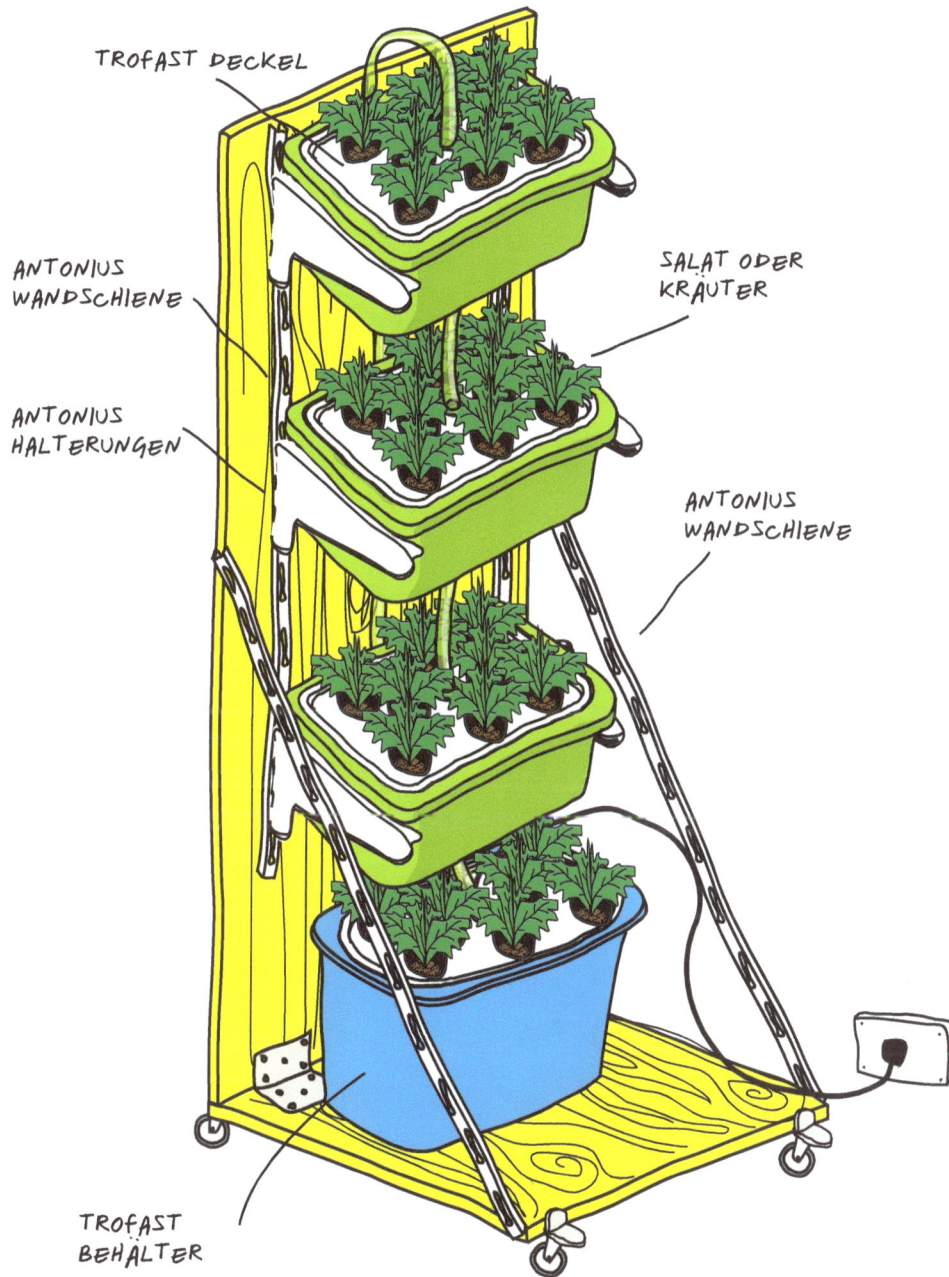

TROFAST DECKEL

ANTONIUS WANDSCHIENE

ANTONIUS HALTERUNGEN

SALAT ODER KRÄUTER

ANTONIUS WANDSCHIENE

TROFAST BEHÄLTER

ELIOOO #30 Mobile. WAS DU BRAUCHST

VON IKEA

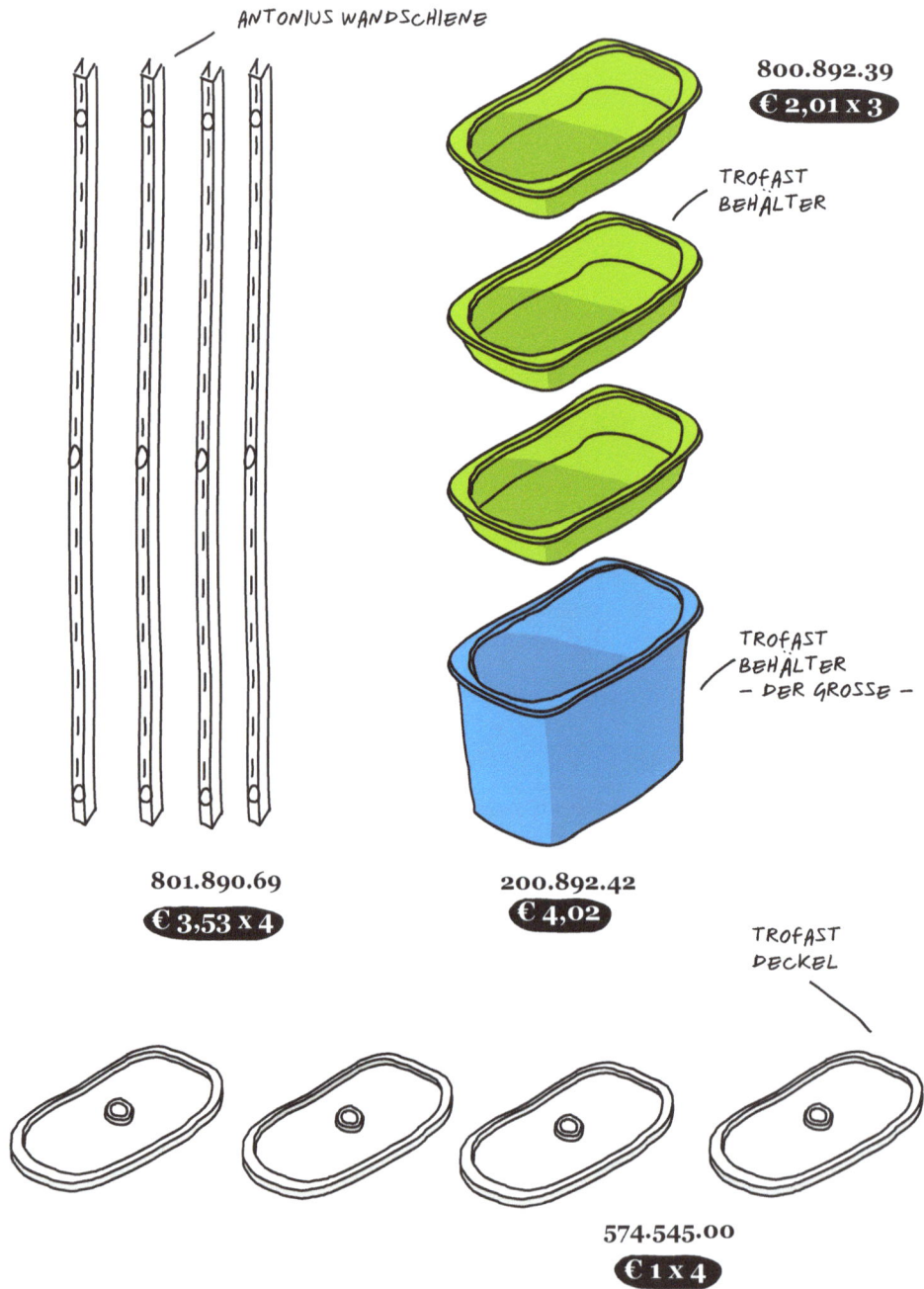

ANTONIUS WANDSCHIENE

800.892.39
€ 2,01 x 3

TROFAST
BEHÄLTER

TROFAST
BEHÄLTER
– DER GROSSE –

801.890.69
€ 3,53 x 4

200.892.42
€ 4,02

TROFAST
DECKEL

574.545.00
€ 1 x 4

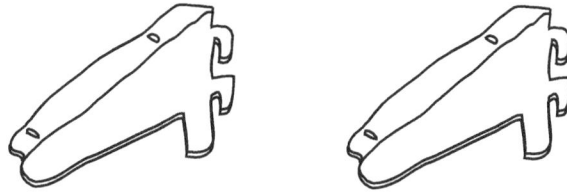

ANTONIUS
HALTERUNGEN

501.890.61   **€ 2,52 X 3**

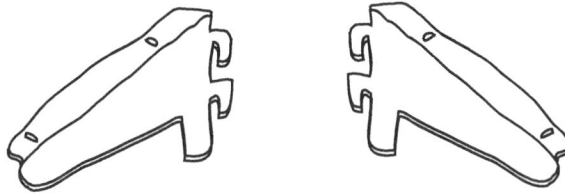

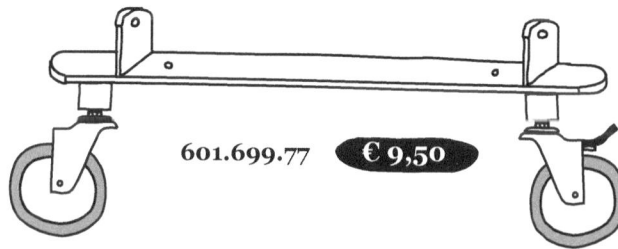

601.699.77   **€ 9,50**

EXPEDIT

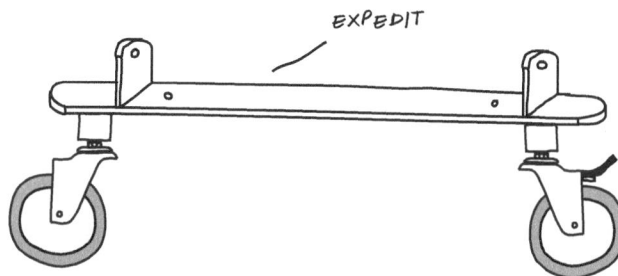

AUS EINER GÄRTNEREI

NETZTOPF Ø 5 CM

5 ML

DÜNGER

TOP seeds

STARTSUBSTRAT

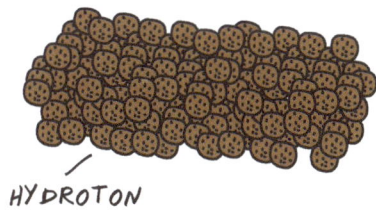

HYDROTON

BENÖTIGTES ZUBEHÖR

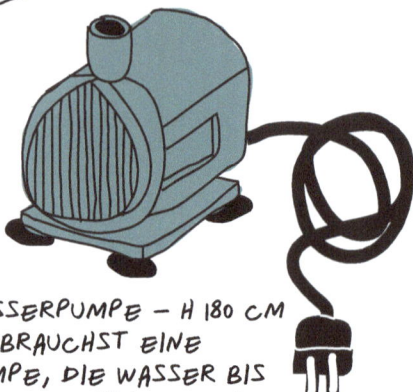

WASSERPUMPE — H 180 CM
DU BRAUCHST EINE
PUMPE, DIE WASSER BIS
ZU EINER HÖHE VON 180 CM
TRANSPORTIEREN KANN.
ÜBLICHERWEISE VERBRAUCHEN
DIESE PUMPEN ETWA 25W.

GRÜNER SCHLAUCH Ø 16MM
3 METER LANG
EINER, DEN MAN FÜR EIN
AQUARIUM VERWENDEN
KANN, SOLLTE IN ORDNUNG SEIN.

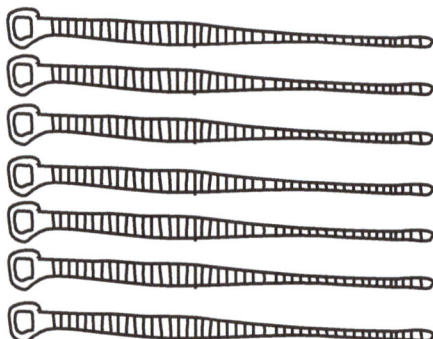

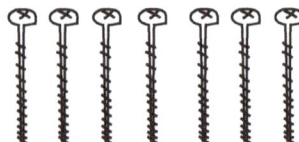

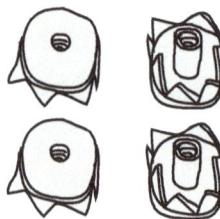

DIESE BRAUCHST
DU, UM DIE
RÄDER ZU
BEFESTIGEN.

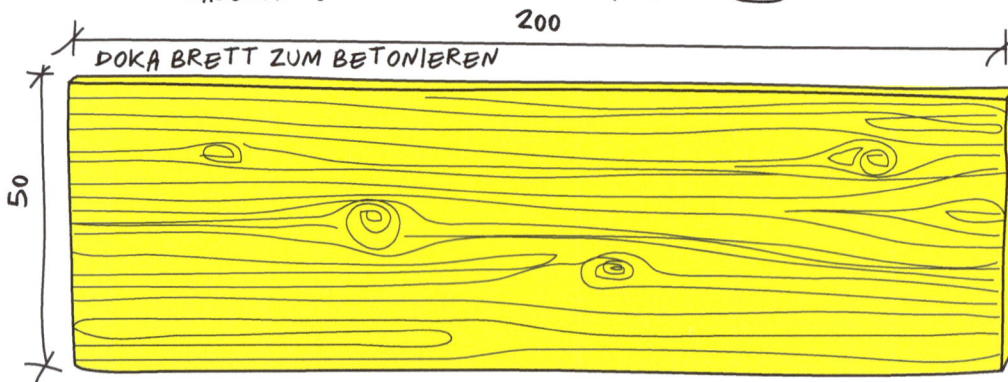

KABELBINDER

200

DOKA BRETT ZUM BETONIEREN

50

WILLST DU UNABHÄNGIG VOM STROMNETZ SEIN?
DANN KÖNNTE EINE SOLARBETRIEBENE TEICHPUMPE
DAS RICHTIGE FÜR DICH SEIN. STELLE NUR SICHER,
DASS DU EINE KAUFST, DIE DAS WASSER BIS ZU
EINER HÖHE VON 160 CM TRANSPORTIEREN KANN.

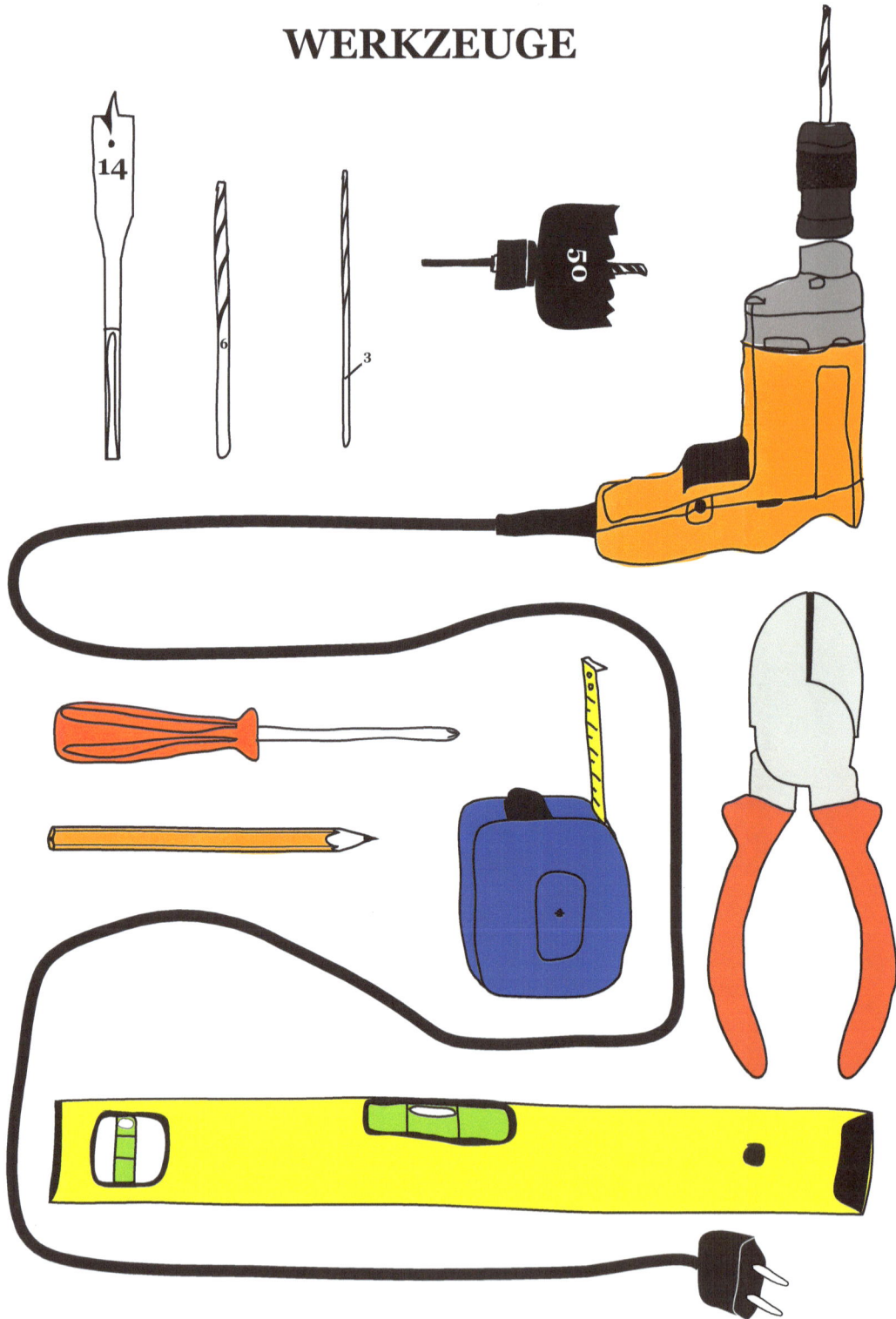

WERKZEUGE

14

6

3

50

124

1 DAS GESTELL DES MOBILEN ELIOOO VORBEREITEN

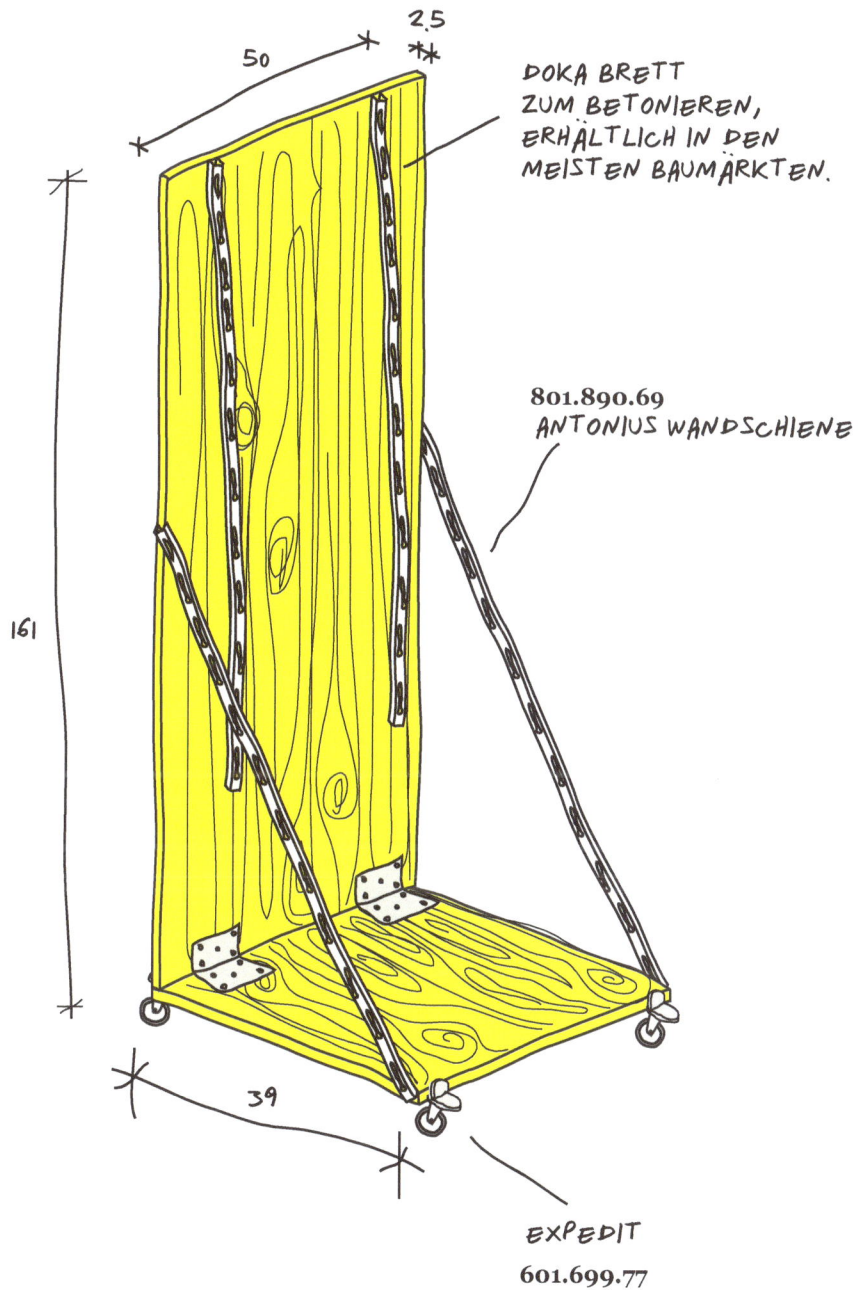

50

2.5

DOKA BRETT
ZUM BETONIEREN,
ERHÄLTLICH IN DEN
MEISTEN BAUMÄRKTEN.

801.890.69
ANTONIUS WANDSCHIENE

161

39

EXPEDIT
601.699.77

DOKA BRETT ZUM BETONIEREN

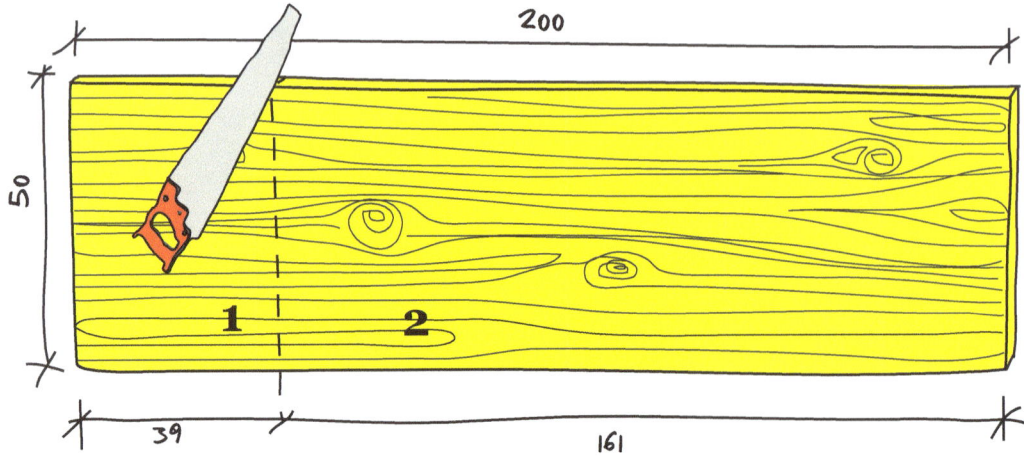

200

50

1   2

39   161

A

KAUFE EIN DOKA BRETT. SIE
WERDEN NORMALERWEISE IM
MASS 200 CM X 50 CM
VERKAUFT. DIESE ART VON
BRETTERN IST PERFEKT FÜR
DEN GEWÜNSCHTEN ZWECK
GEEIGNET, DA DAS HOLZ
GRÖSSTENTEILS
WASSERABWEISEND IST. DU
KANNST IM BAUMARKT AUCH
DIREKT NACH EINEM
ZUSCHNITT FRAGEN.

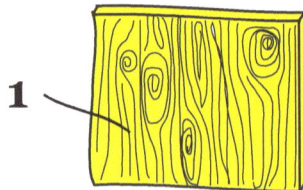

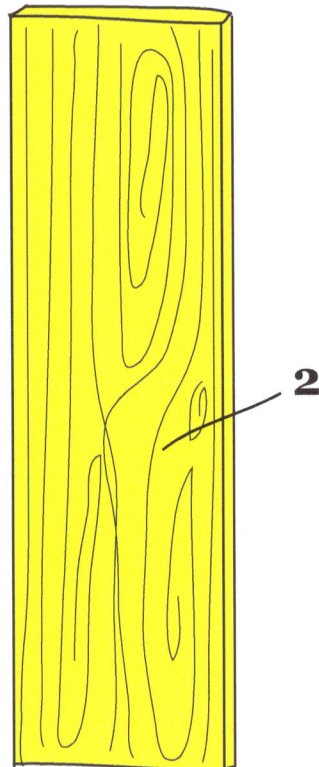

2

1

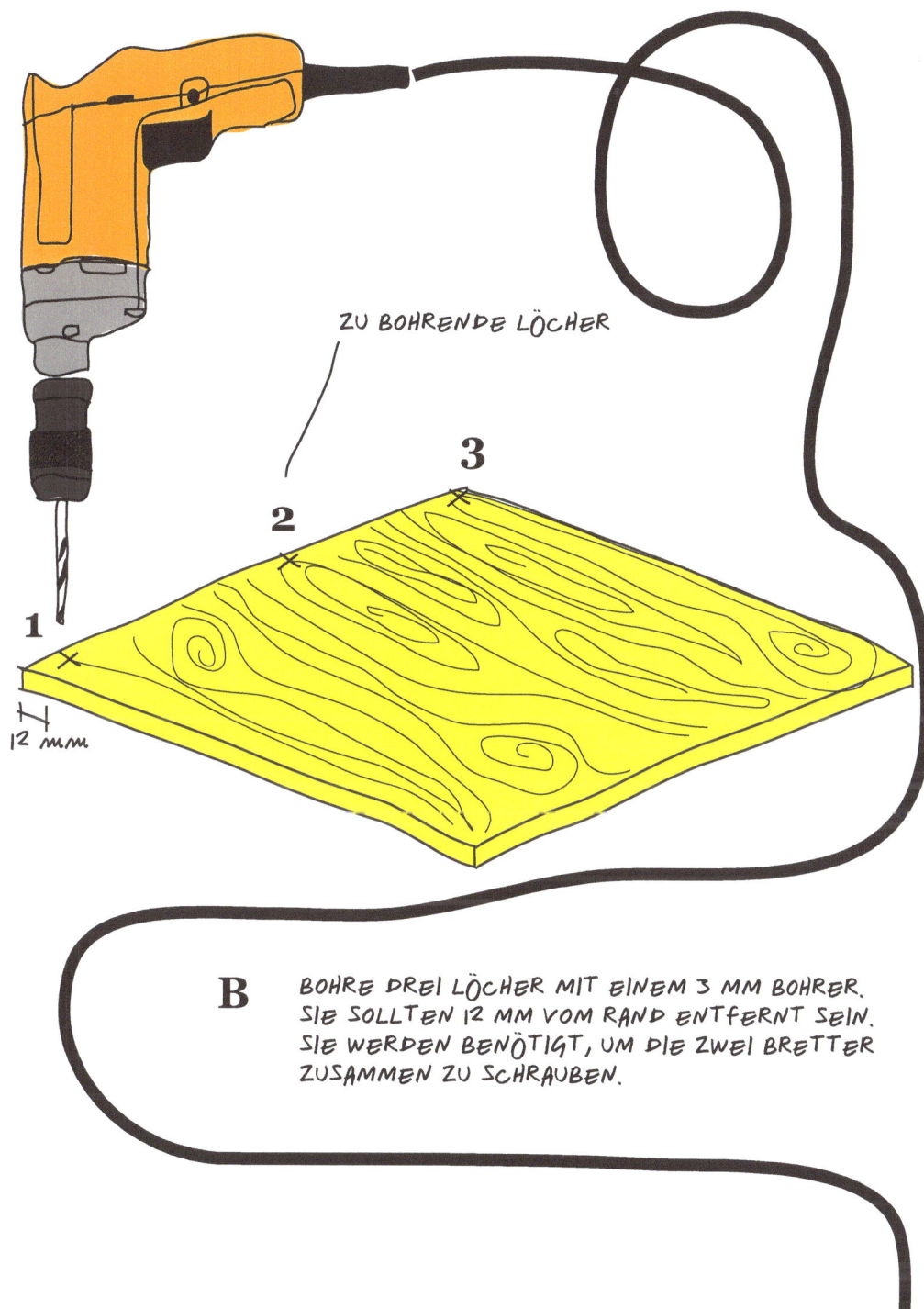

ZU BOHRENDE LÖCHER

1

2

3

12 m.m

B BOHRE DREI LÖCHER MIT EINEM 3 MM BOHRER.
SIE SOLLTEN 12 MM VOM RAND ENTFERNT SEIN.
SIE WERDEN BENÖTIGT, UM DIE ZWEI BRETTER
ZUSAMMEN ZU SCHRAUBEN.

C1

PLATZIERE DIE RÄDER VON OBEN AUF DAS BRETT AUF.

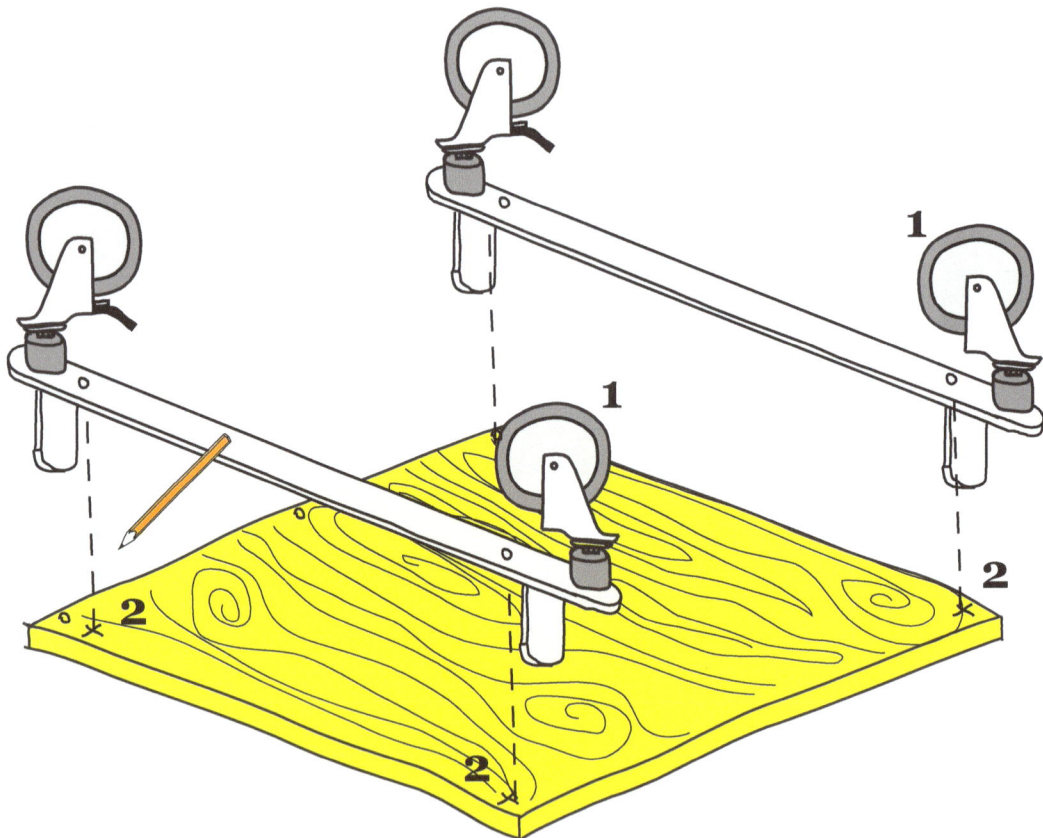

1

1

2

2

2

C2

MARKIERE DIR DIE ZU BOHRENDEN LÖCHER.

128

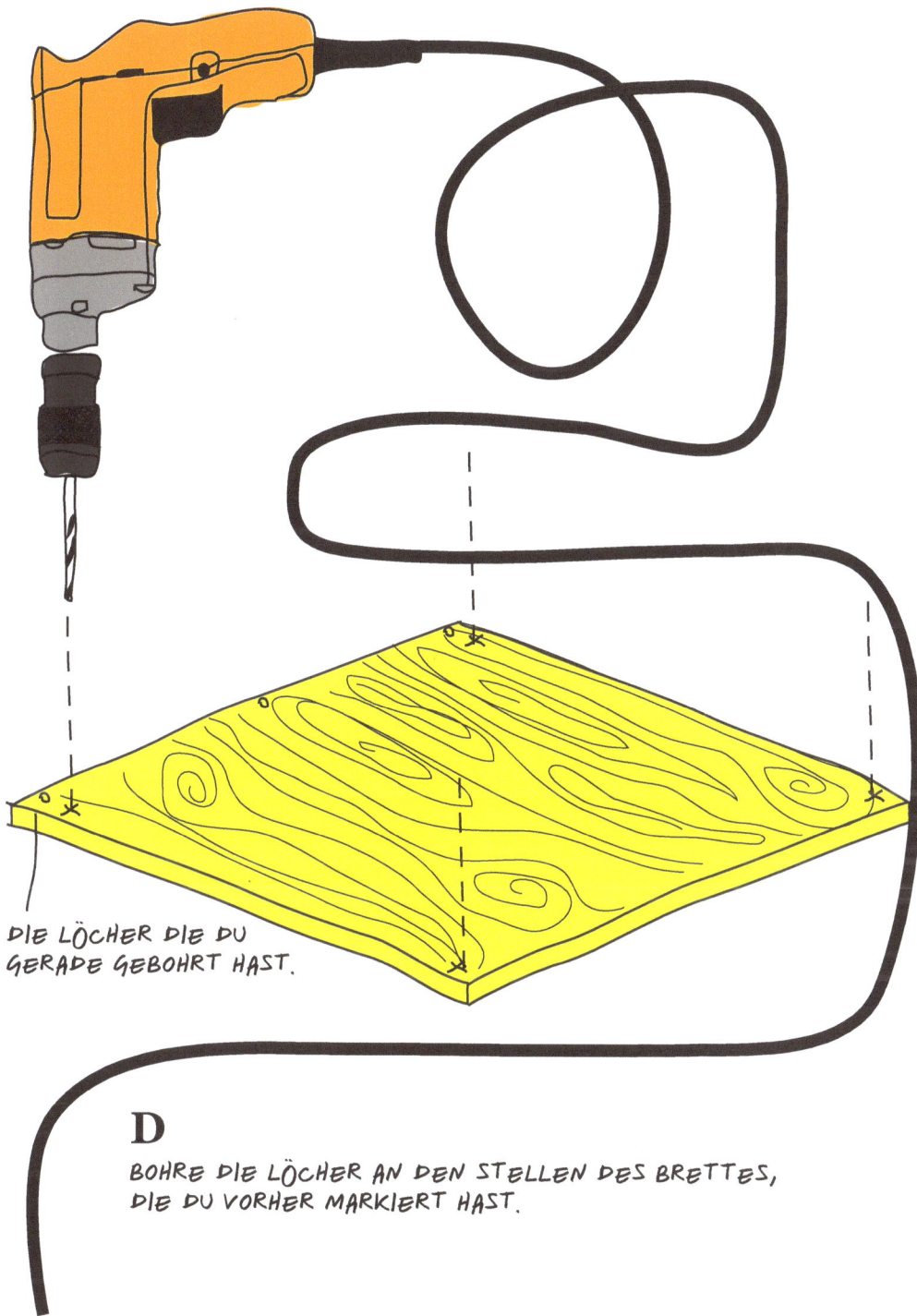

DIE LÖCHER DIE DU
GERADE GEBOHRT HAST.

D

BOHRE DIE LÖCHER AN DEN STELLEN DES BRETTES,
DIE DU VORHER MARKIERT HAST.

E

SETZE DIE SCHRAUBEN IN DIE VON DIR GEBOHRTEN LÖCHER EIN.
DAS IST DER ERSTE SCHRITT, UM DIE BEIDEN BRETTER MITEINANDER
ZU VERBINDEN.

LÖCHER FÜR DIE RÄDER

F

BEFESTIGE DIE
METALLWINKEL AN DER
ZUSAMMENLAUFENDEN
KANTE DER BEIDEN
BRETTER. SCHRAUBE SIE
GUT FEST. DAS SORGT
FÜR MEHR STABILITÄT
DES MOBILEN EL1000.

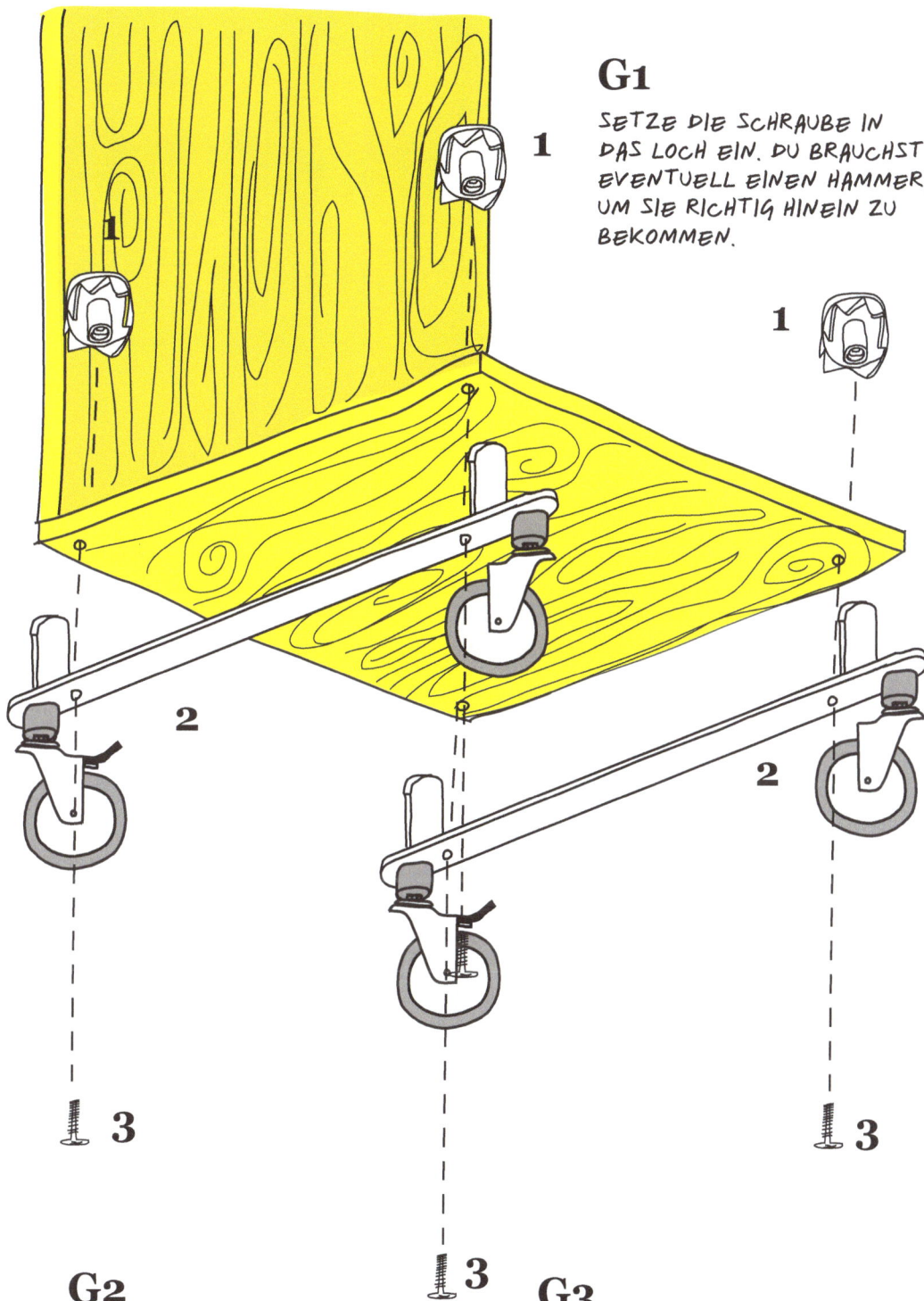

G1

SETZE DIE SCHRAUBE IN
DAS LOCH EIN. DU BRAUCHST
EVENTUELL EINEN HAMMER,
UM SIE RICHTIG HINEIN ZU
BEKOMMEN.

1

1

1

2

2

3

3

3

G2

STELLE DIE RÄDER AN
DIE RICHTIGE POSITION.

G3

BEFESTIGE DIE RADSTANGE UND
ZIEHE DIE SCHRAUBEN GUT AN.

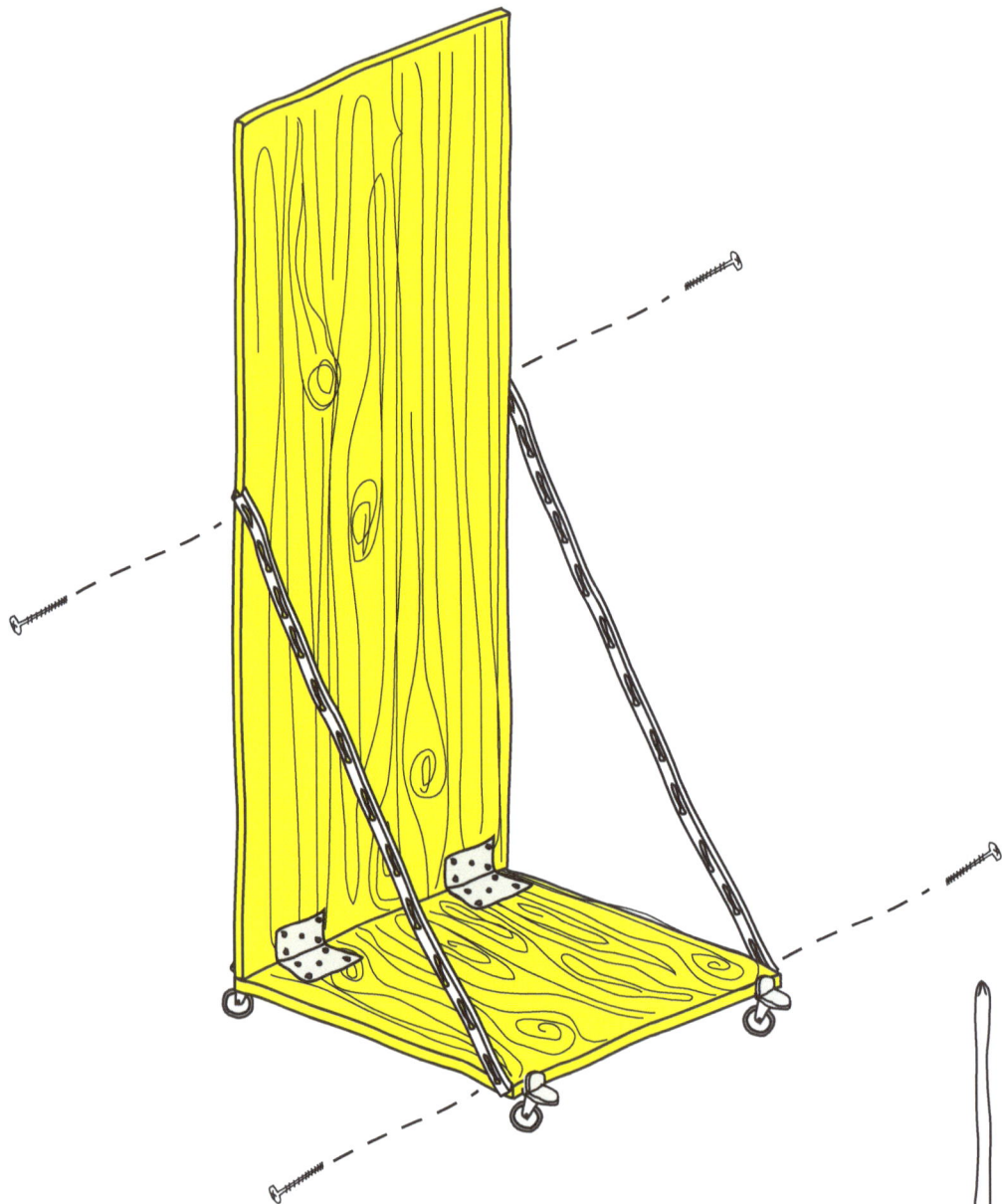

H NIMM DIR DIE ZWEI ANTONIUS WANDSCHIENEN UND BEFESTIGE SIE SEITLICH MIT SCHRAUBEN, WIE IM BILD GEZEIGT. DAMIT IST DAS GESTELL FÜR ELIOOO #30 MOBIL KOMPLETT. ES IST NUN STABIL GENUG, UM DIE AUFZUCHTBEHÄLTER TRAGEN ZU KÖNNEN.

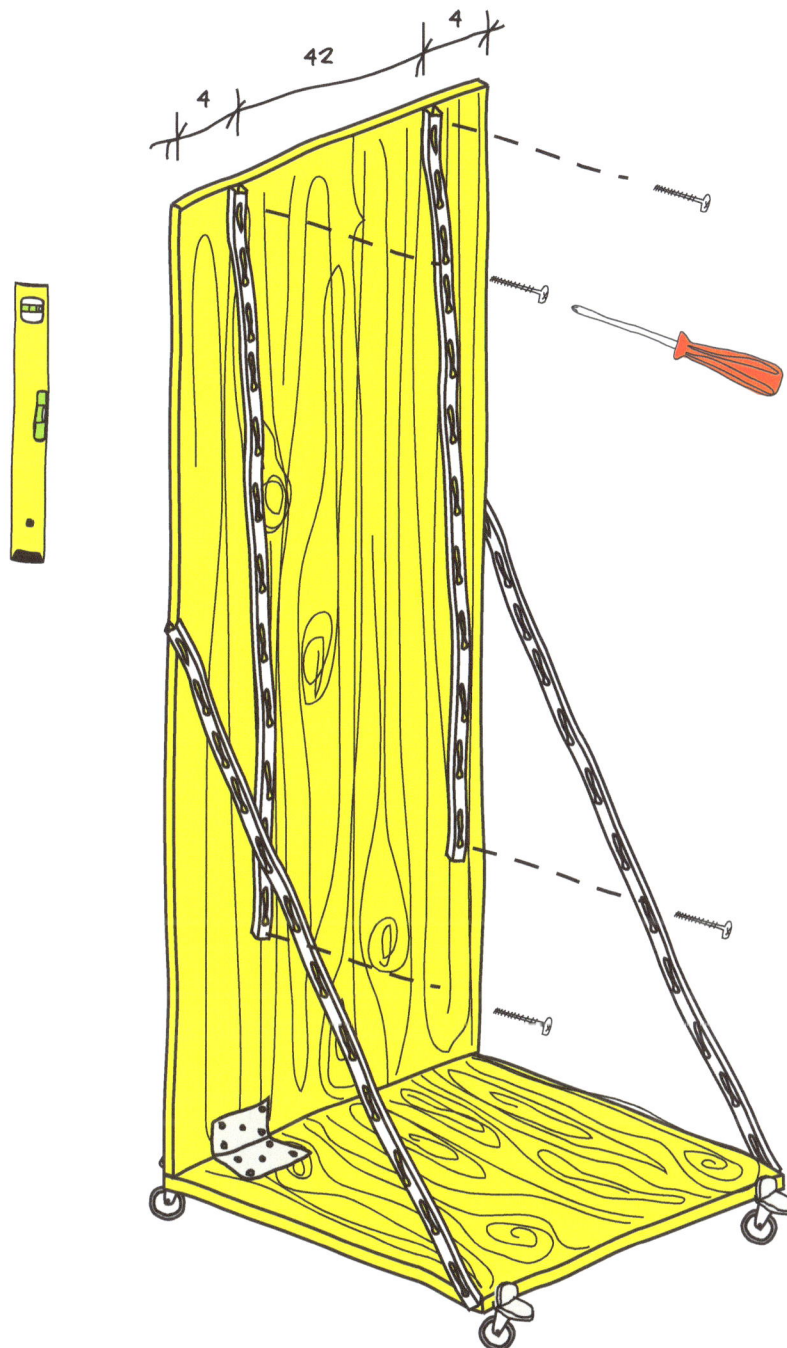

I FIXIERE DAS ZWEITE PAAR ANTONIUS WANDSCHIENEN MIT SCHRAUBEN MIT EINEM ABSTAND VON 42 CM ZUEINANDER. VERWENDE EINE WASSERWAAGE, UM SICHERZUSTELLEN, DASS DIE SCHIENEN GERADE UND PARALLEL ZUEINANDER SIND.

2 DIE AUFZUCHTBEHÄLTER VORBEREITEN

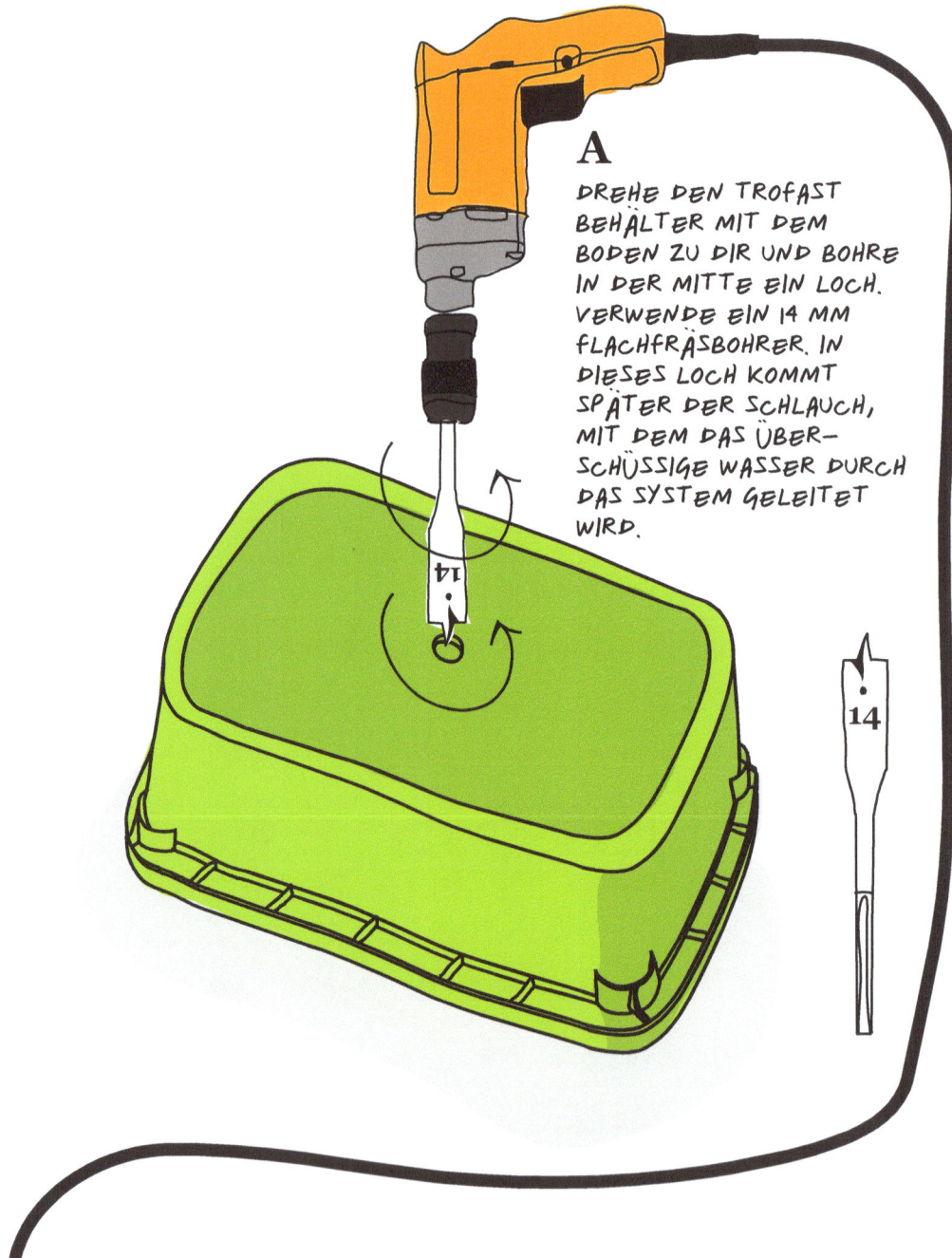

A

DREHE DEN TROFAST BEHÄLTER MIT DEM BODEN ZU DIR UND BOHRE IN DER MITTE EIN LOCH. VERWENDE EIN 14 MM FLACHFRÄSBOHRER. IN DIESES LOCH KOMMT SPÄTER DER SCHLAUCH, MIT DEM DAS ÜBER-SCHÜSSIGE WASSER DURCH DAS SYSTEM GELEITET WIRD.

B

MARKIERE DIR MIT EINEM BLEISTIFT
ACHT PUNKTE AUF DEM TROFAST DECKEL.

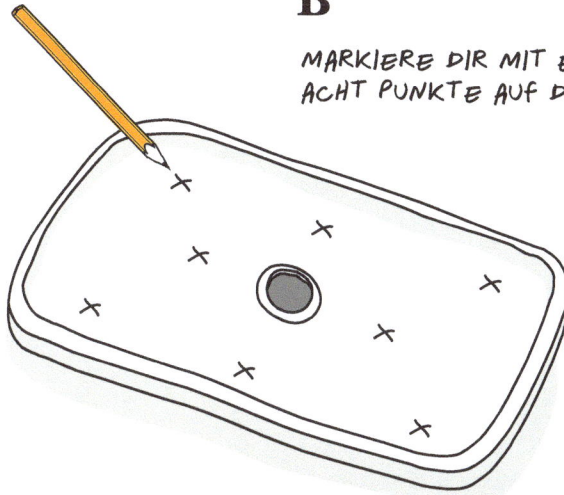

C

BOHRE DIE LÖCHER MIT EINER 50 MM
LOCHSÄGE. HIER KOMMEN DEINE
NETZTÖPFE HINEIN.

WIEDERHOLE DEN VORGANG FÜR ALLE
VERBLEIBENDEN TROFAST DECKEL.
IN DIESER VARIANTE WERDEN VIER
BEHÄLTER VERWENDET. DU KANNST
DAS SYSTEM ABER AUCH BELIEBIG
ERWEITERN.

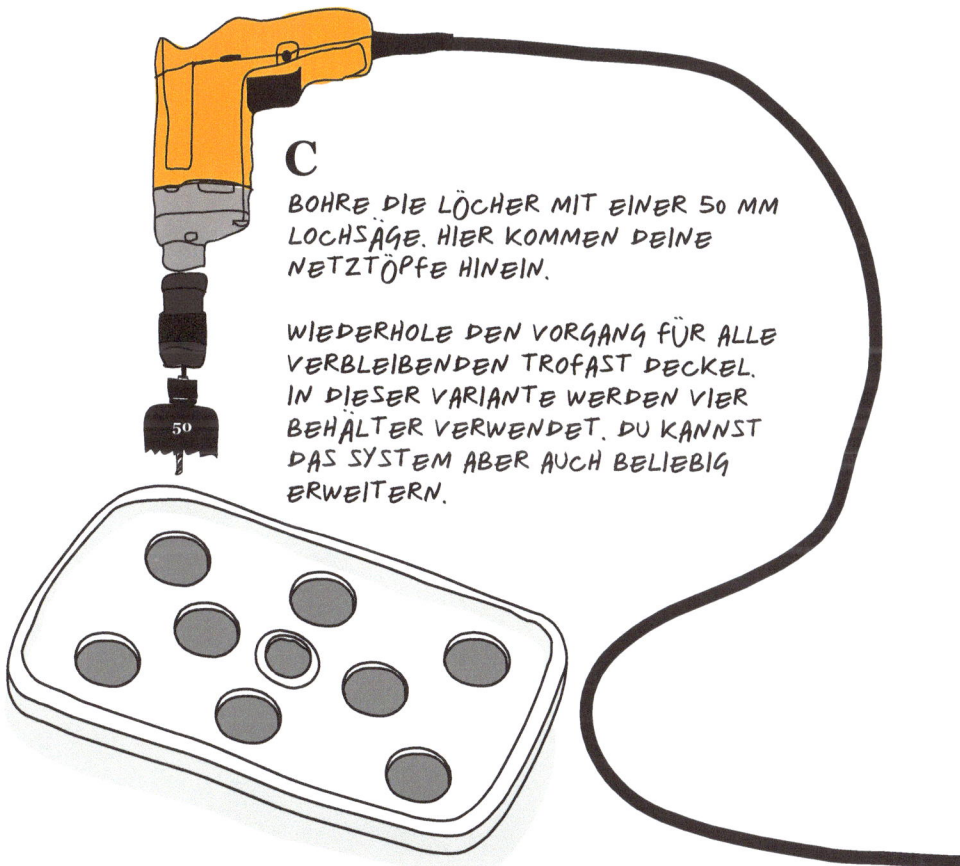

D

MACHE DIR JE
EINE MARKIERUNG IN
DER MITTE DES LINKEN
UND RECHTEN RANDES DER
TROFAST BOX. BOHRE NUN JE
EIN LOCH MIT EINEM 3 MM
BOHRER. DIESE LÖCHER
WERDEN BENÖTIGT, UM DIE
BOX MIT KABELBINDERN AN
DEN REGALHALTERUNGEN
ANZUBRINGEN.

3

TROFAST BEHÄLTER

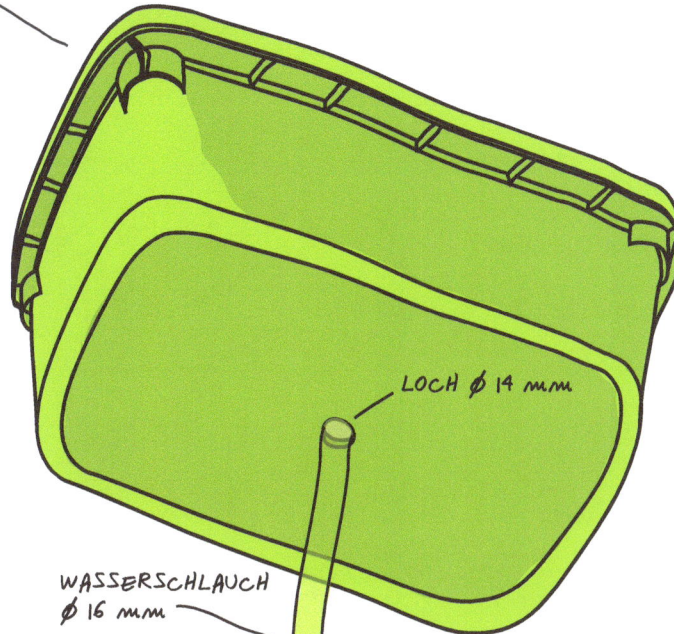

LOCH ⌀ 14 mm

WASSERSCHLAUCH
⌀ 16 mm

E

SETZTE DEN SCHLAUCH IN
DAS LOCH IN DER MITTE DER
BOX EIN.
DU MUSST IHN ETWAS
ZUSAMMENDRÜCKEN, DAMIT
ER HINEIN PASST, DA DAS
LOCH EINEN DURCHMESSER
VON 14 MM UND DER
SCHLAUCH EINEN
DURCHMESSER VON 16 MM
HAT. DAS IST ABER
BEABSICHTIGT, DA HIERDURCH
DRUCK ENTSTEHT, DER
DAFÜR SORGEN WIRD, DASS
DER SCHLAUCH NICHT LECKT.
DAS GANZE IST ETWAS
MÜHSAM, ES WIRD ABER
FUNKTIONIEREN. DU KANNST
AUCH EIN WENIG SEIFE
VERWENDEN, UM ES DIR
LEICHTER ZU MACHEN.
WIEDERHOLE DEN VORGANG
MIT DEN RESTLICHEN DREI
BEHÄLTERN.

DER SCHLAUCH SOLLTE
NICHT WEITER ALS 2-3 CM
IN DEN TROFAST BEHÄLTER
HINEIN RAGEN. SO KANNST
DU DEN WASSERSTAND IN
JEDER BOX REGULIEREN.
REIN TECHNISCH GESEHEN
BRAUCHST DU NICHT MEHR
ALS EINEN KLEINEN FLUSS.

3 DIE AUFZUCHTBEHÄLTER EINSETZEN

DIESE PUNKTE SIND ÄHNLICH ZU DENEN, DIE BEREITS FÜR ELI000 #30 ERLÄUTERT WURDEN. ICH WIEDERHOLE SIE HIER ABER TROTZDEM NOCHMALS.

A

SOBALD DU DIE ANTONIUS WANDSCHIENEN BEFESTIGT HAST, KANNST DU MIT DER POSITIONIERUNG DER REGALHALTERUNGEN BEGINNEN: ZWEI GANZ OBEN, ZWEI GANZ UNTEN UND ZWEI IN DER MITTE. SIE SIND EIN WENIG WACKELIG. WARTE DEN NÄCHSTEN SCHRITT AB, UM DIES ZU LÖSEN.

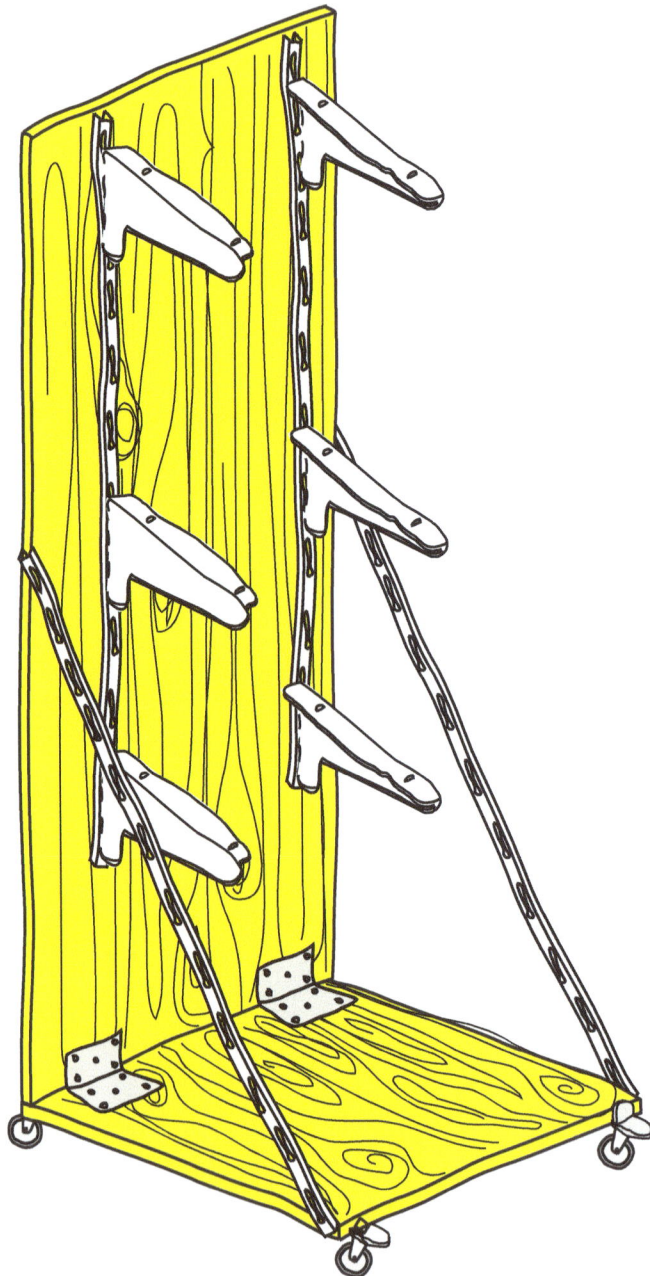

138

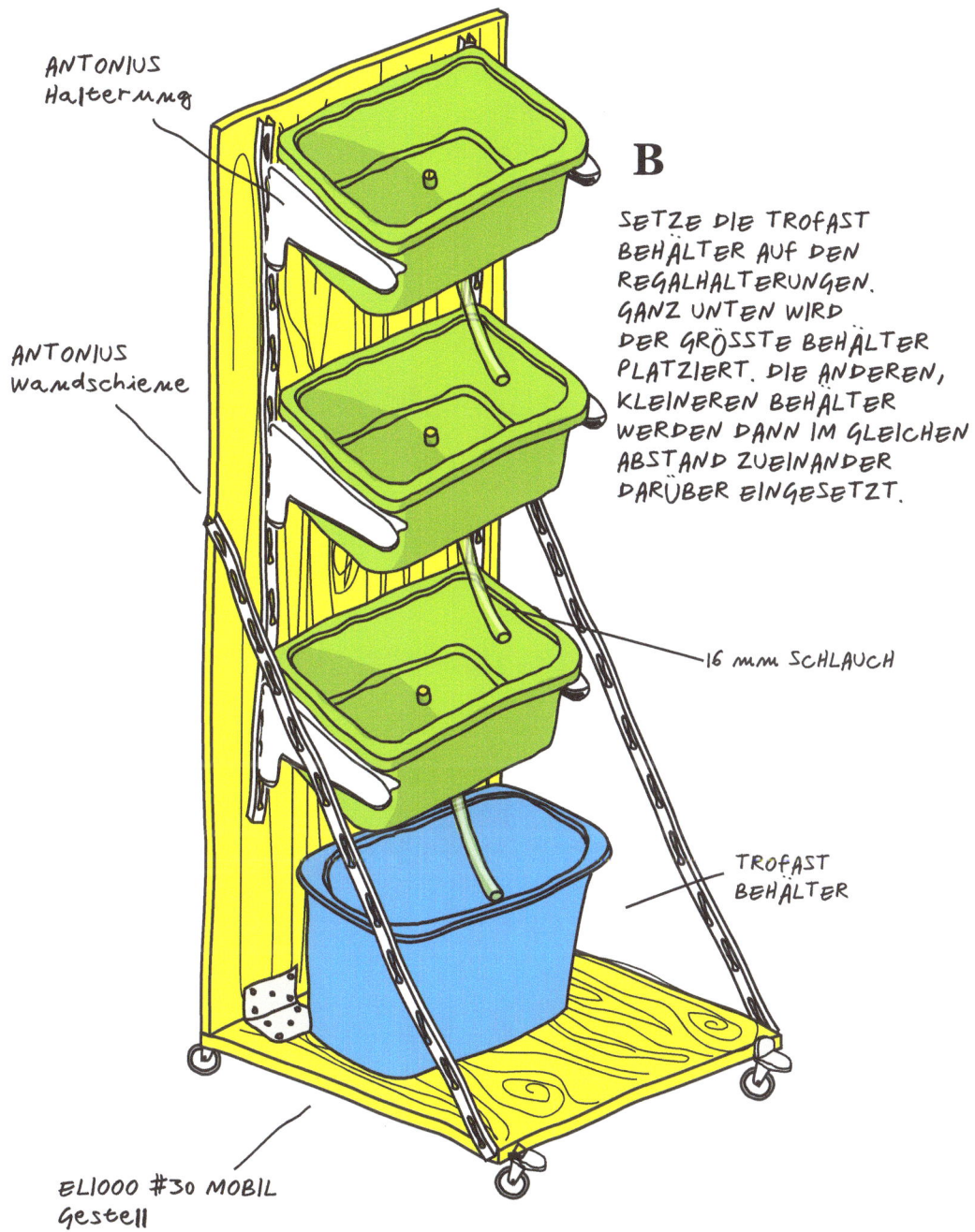

ANTONIUS
Halterung

ANTONIUS
Wandschiene

ELIOOO #30 MOBIL
Gestell

B

SETZE DIE TROFAST
BEHÄLTER AUF DEN
REGALHALTERUNGEN.
GANZ UNTEN WIRD
DER GRÖSSTE BEHÄLTER
PLATZIERT. DIE ANDEREN,
KLEINEREN BEHÄLTER
WERDEN DANN IM GLEICHEN
ABSTAND ZUEINANDER
DARÜBER EINGESETZT.

16 mm SCHLAUCH

TROFAST
BEHÄLTER

139

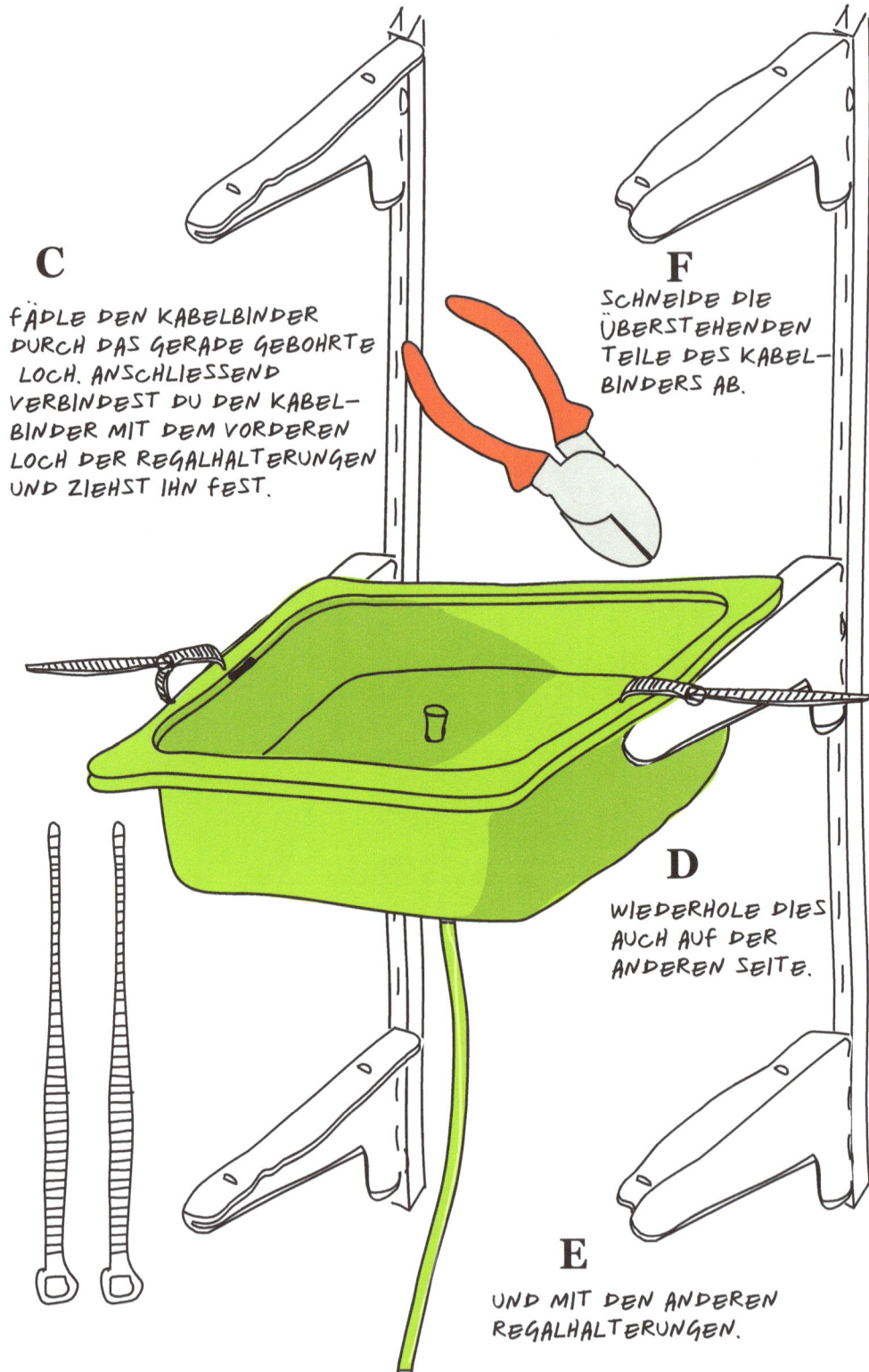

C

FÄDLE DEN KABELBINDER
DURCH DAS GERADE GEBOHRTE
LOCH. ANSCHLIESSEND
VERBINDEST DU DEN KABEL-
BINDER MIT DEM VORDEREN
LOCH DER REGALHALTERUNGEN
UND ZIEHST IHN FEST.

F

SCHNEIDE DIE
ÜBERSTEHENDEN
TEILE DES KABEL-
BINDERS AB.

D

WIEDERHOLE DIES
AUCH AUF DER
ANDEREN SEITE.

E

UND MIT DEN ANDEREN
REGALHALTERUNGEN.

4 PPS

PUMPEN, PFLANZEN UND SCHLÄUCHE

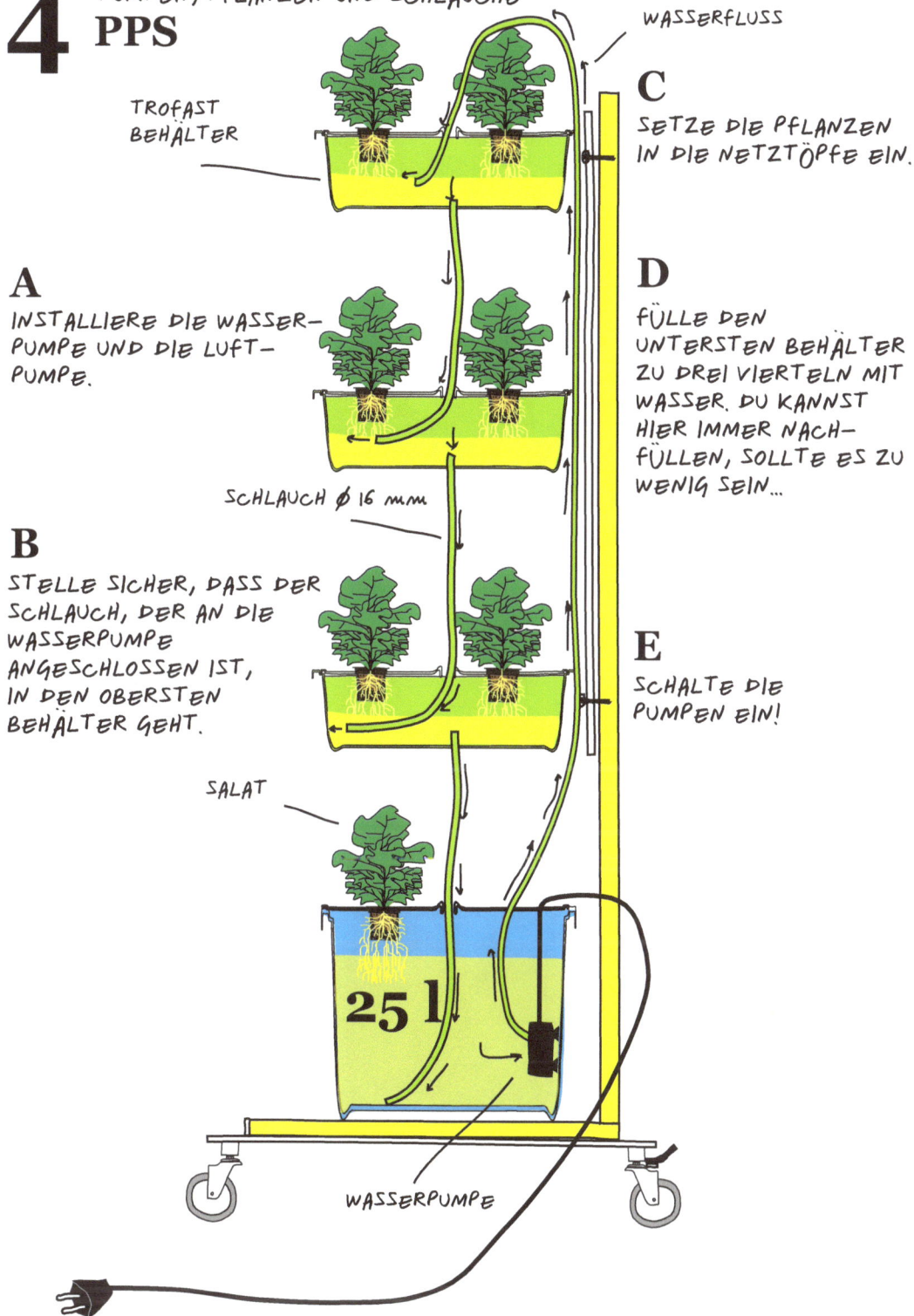

WASSERFLUSS

TROFAST
BEHÄLTER

C

SETZE DIE PFLANZEN
IN DIE NETZTÖPFE EIN.

A

INSTALLIERE DIE WASSER-
PUMPE UND DIE LUFT-
PUMPE.

D

FÜLLE DEN
UNTERSTEN BEHÄLTER
ZU DREI VIERTELN MIT
WASSER. DU KANNST
HIER IMMER NACH-
FÜLLEN, SOLLTE ES ZU
WENIG SEIN...

SCHLAUCH ∅ 16 mm

B

STELLE SICHER, DASS DER
SCHLAUCH, DER AN DIE
WASSERPUMPE
ANGESCHLOSSEN IST,
IN DEN OBERSTEN
BEHÄLTER GEHT.

E

SCHALTE DIE
PUMPEN EIN!

SALAT

25 l

WASSERPUMPE

5 DIE NETZTÖPFE INS SYSTEM EINSETZEN

BENUTZE DAS GEZEIGTE LOCH IM DECKEL FÜR DEN SCHLAUCH. DADURCH IST ES LEICHT, IHN FÜR DIE ERNTE ODER EINE REINIGUNG ZU ENTFERNEN.

ALLE ANDEREN TECHNISCHEN TEILE, DEN SCHLAUCH EINGESCHLOSSEN, KÖNNEN DURCH DIESES LOCH IN DER TROFAST BOX GELEITET WERDEN, DIE HIER ALS WASSERTANK DIENT.

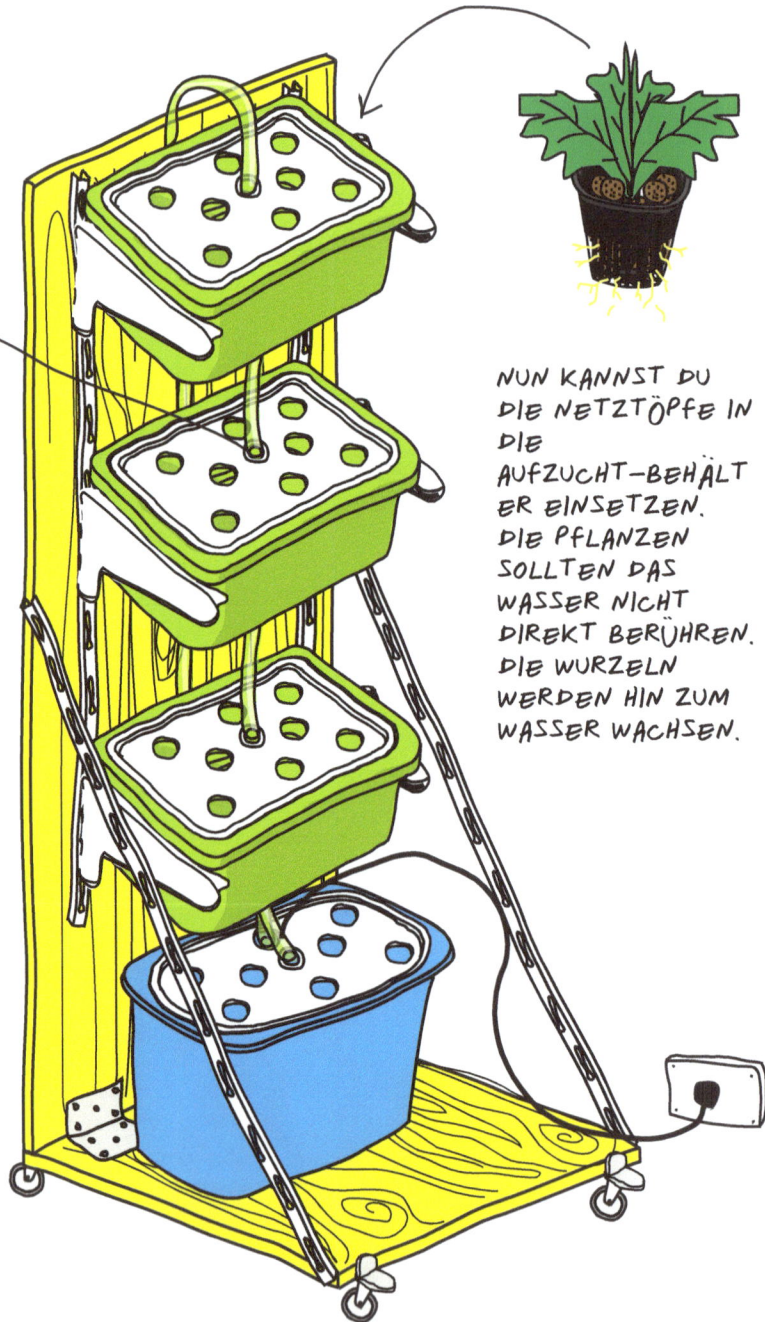

NUN KANNST DU DIE NETZTÖPFE IN DIE AUFZUCHT-BEHÄLTER EINSETZEN. DIE PFLANZEN SOLLTEN DAS WASSER NICHT DIREKT BERÜHREN. DIE WURZELN WERDEN HIN ZUM WASSER WACHSEN.

ELIOOO #30
Solarversion

ES GIBT VIELE VERSCHIEDENE
SOLAR-PANELS AUF DEM
MARKT, DIE MAN AN DIE
SEICHPUMPE ANSCHLIESSEN
KANN. SO WÄRE ES MÖGLICH,
DAS SYSTEM OHNE REGULÄRE
STROMVERSORGUNG ZU
BETREIBEN. ICH KANN HIERZU
LEIDER KEINE GENAUE
EMPFEHLUNG GEBEN, DA SICH
DIE TECHNIK IN DIESEM
BEREICH STÄNDIG
WEITERENTWICKELT.
DIE SOLARPANELS KÖNNEN
OBEN AM ELIOO #30 GESTELL
ANGEBRACHT WERDEN.
MAN KANN SIE AUCH ETWAS
ABSEITS PLATZIEREN, SO
DASS SIE VIEL SONNENLICHT
ABBEKOMMEN.

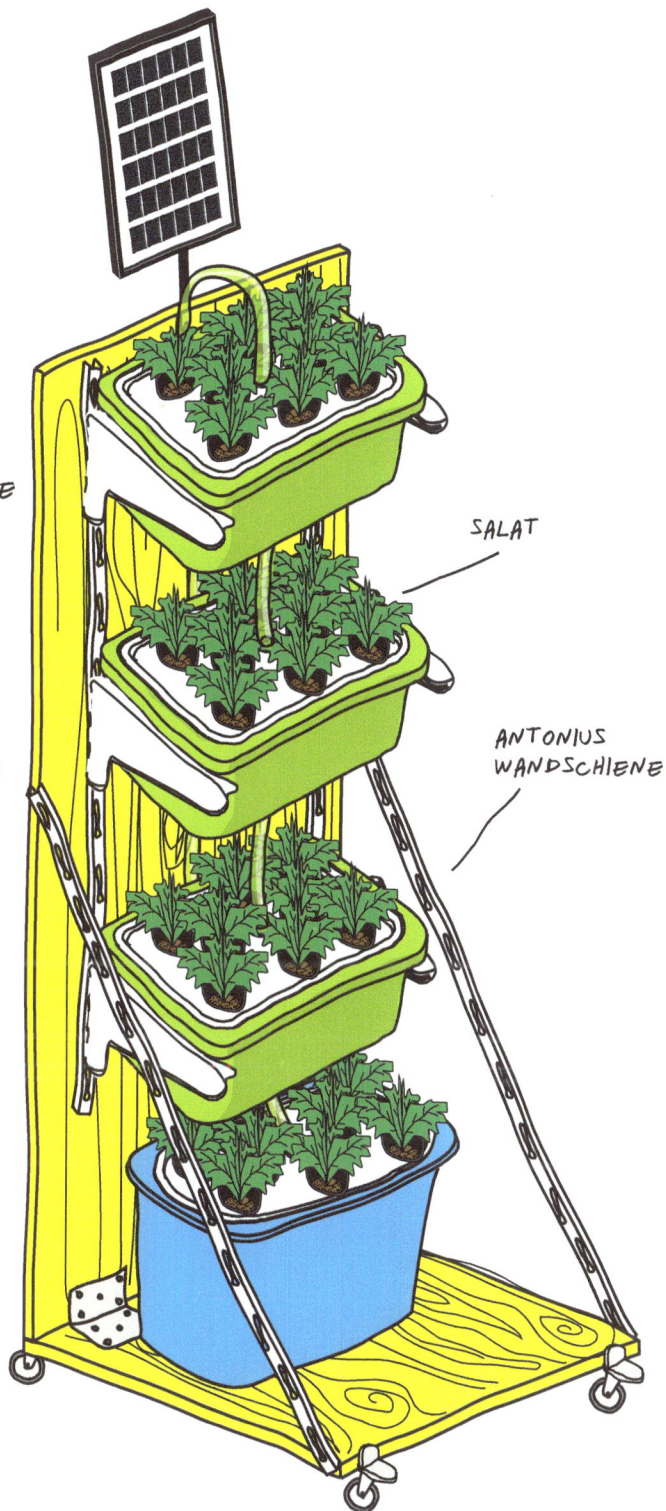

SALAT

ANTONIUS
WANDSCHIENE

DAS IST ELIOOO #30 Mobil

UND MAN KANN DAMIT TOMATEN ZÜCHTEN

145

UND SO GEHT 'S:

A BEFESTIGE DIE ANTONIUS WANDSCHIENEN AUF DER RÜCKSEITE DES EL1000 GESTELLS. STELLE SICHER, DASS SIE GERADE, PARALLEL ZUEINANDER UND 42 CM VONEINANDER ENTFERNT LIEGEN.

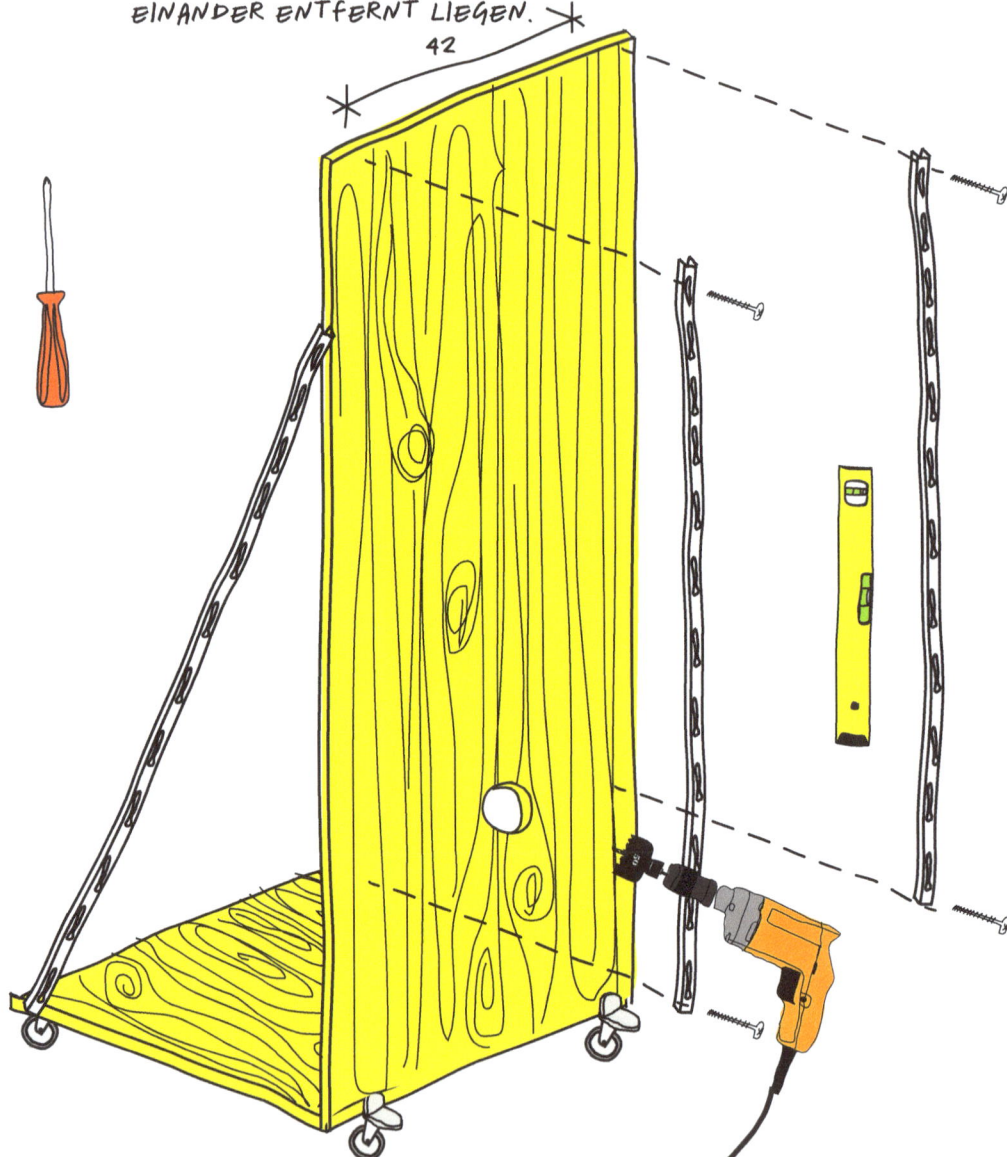

42

B BOHRE MIT DER 50 MM LOCHSÄGE EIN LOCH AUF DER RÜCKSEITE DES BRETTS

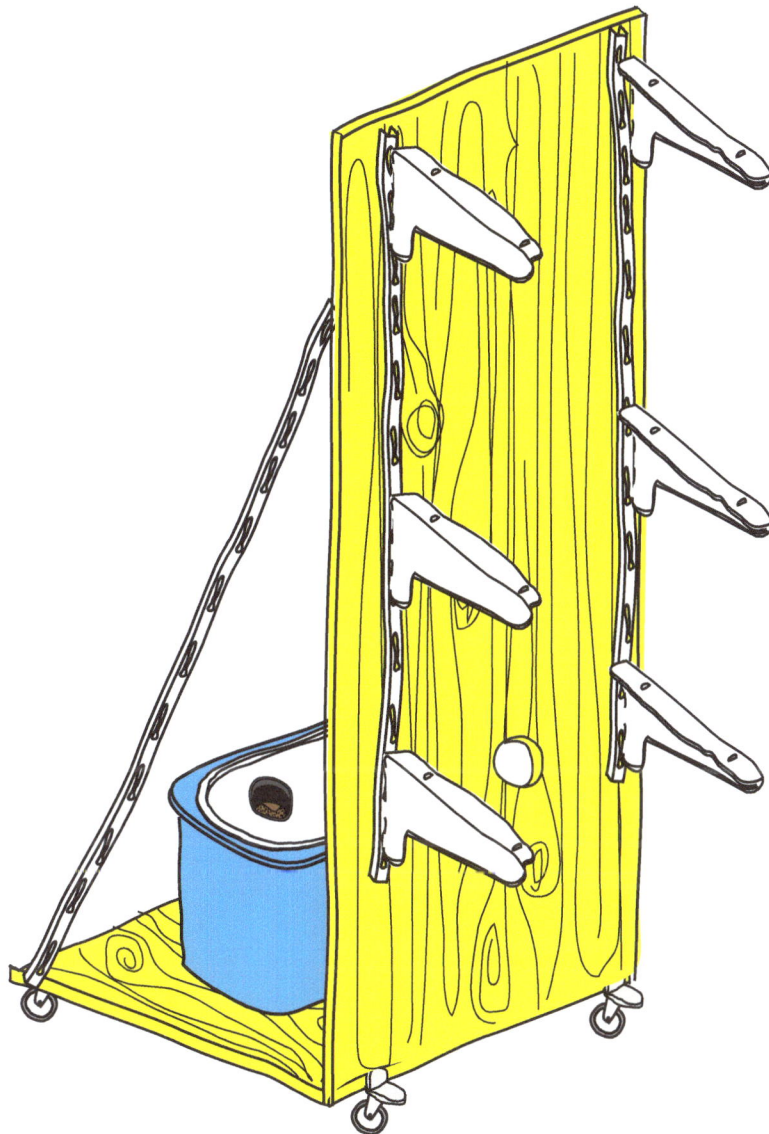

C   SETZE DIE REGALHALTERUNGEN EIN
UND PLATZIERE DEN WASSERTANK
FÜR DIE TOMATEN AUF DER ANDEREN
SEITE, UM DAS GLEICHGEWICHT ZU VERBESSERN.

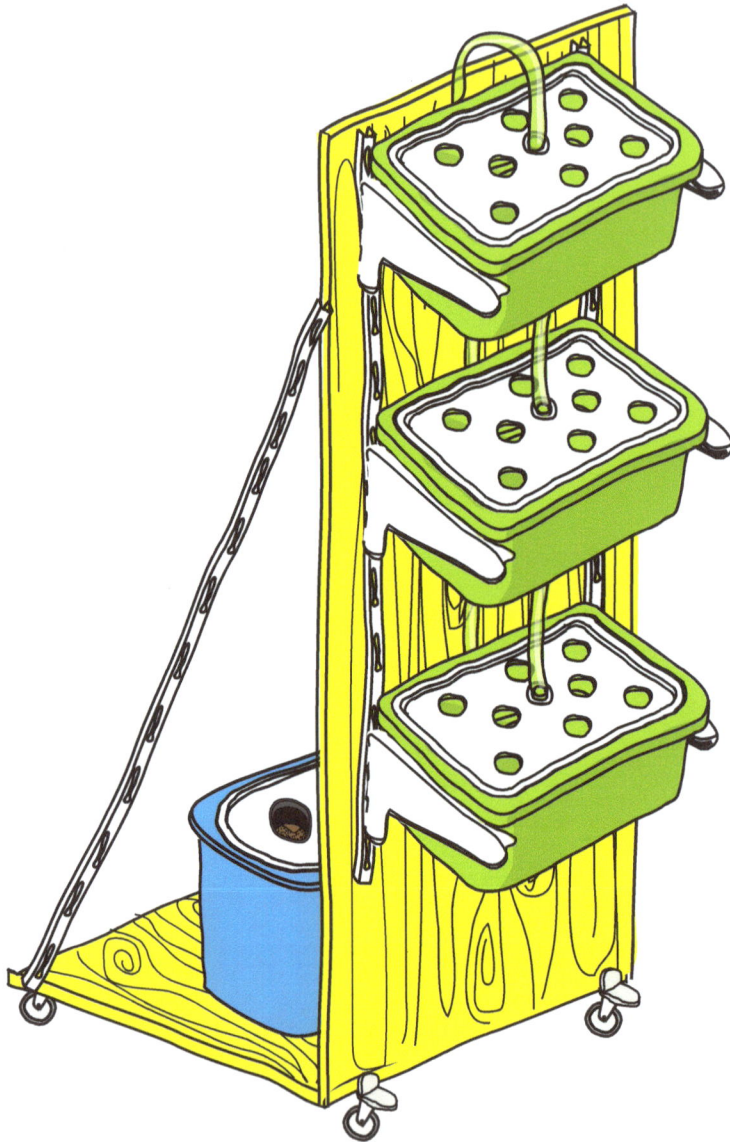

D BEFESTIGE DIE REGALHALTERUNGEN MIT KABELBINDERN
AN DEN ANZUCHTBEHÄLTERN WIE IN DEN SCHRITTEN
B BIS E IN KAPITEL 5 ZU ELIOOO #30 MOBIL GEZEIGT.

E

DIE TOMATENPFLANZEN KÖNNEN HOCH
WACHSEN UND SICH DABEI AN EINEM
AN DAS BRETT BEFESTIGTE GITTER
AUSRICHTEN. SEI DIR BEWUSST, DASS
TOMATENPFLANZEN MEHR
PLATZ ZUM WACHSEN BRAUCHEN, ALS
BSPW. KÜCHENKRÄUTER. STELLE ALSO
SICHER, DASS SIE GENÜGEND RAUM
BEKOMMEN.

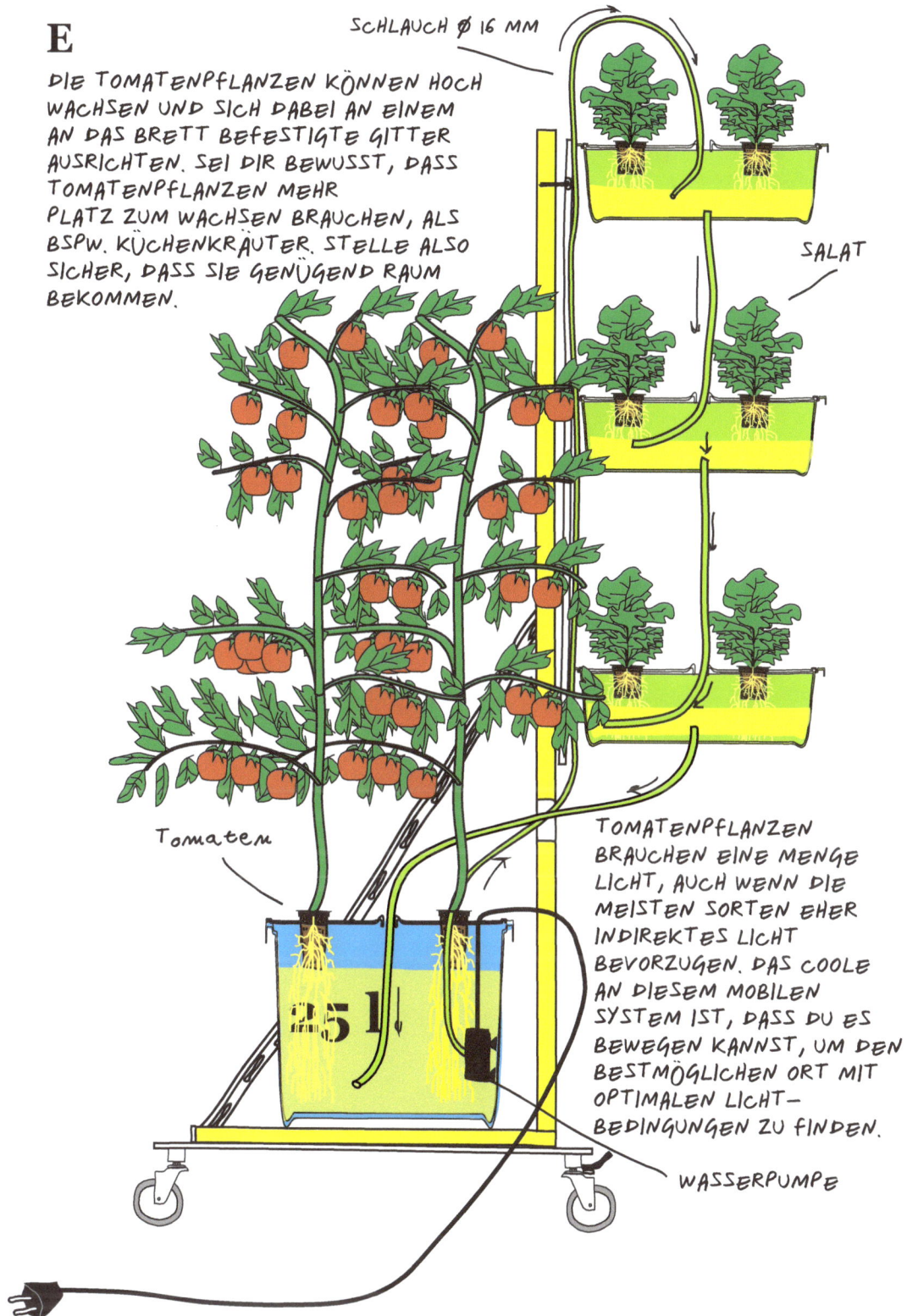

SCHLAUCH Ø 16 MM

SALAT

Tomaten

25 l

TOMATENPFLANZEN
BRAUCHEN EINE MENGE
LICHT, AUCH WENN DIE
MEISTEN SORTEN EHER
INDIREKTES LICHT
BEVORZUGEN. DAS COOLE
AN DIESEM MOBILEN
SYSTEM IST, DASS DU ES
BEWEGEN KANNST, UM DEN
BESTMÖGLICHEN ORT MIT
OPTIMALEN LICHT-
BEDINGUNGEN ZU FINDEN.

WASSERPUMPE

149

NACHWORT

EINE URSPRÜNGLICHE IDEE IN DER VERFASSUNG DIESES BUCHES, LAG
DARIN, AUF TEXTE ANDERER AUTOREN BEZUG ZU NEHMEN. ZU DIESER ZEIT
VERSPÜRTE ICH DEN WUNSCH, DIESE ARBEIT IN MEINER BESPRECHUNG
ZU DEN HERAUSFORDERUNGEN DER ZEITGENÖSSISCHEN GESTALTUNG
UNTERZUBRINGEN. ICH BAT MEINE FREUNDE AMBER HICKLEY, TIDO VON
OPPELN UND STEFANO MIRTI, DIE MIR UND DER GENANNTEN ARBEIT NAHE
STANDEN, EIN ODER ZWEI SEITEN DAZU ZU SCHREIBEN. ICH DACHTE LANGE
DARÜBER NACH, IHRE WORTE IN DIESEM BUCH ZU VERÖFFENTLICHEN,
ICH ENTSCHIED MICH ABER ZUM SCHLUSS DAZU, NUR EINEN BEITRAG ZU
VERWENDEN. VIELLEICHT ERSCHEINEN DIE ANDEREN DANN ZU EINEM
SPÄTEREN ZEITPUNKT IN EINER NEUAUFLAGE. ICH ENTSCHIED, DASS DIES
NICHT DIE RICHTIGE PLATTFORM FÜR EIN SOLCHES PROJEKT SEI. DIESES
BUCH DREHT SICH UM ELI000 UND ES SOLL AUF EIGENEN BEINEN STEHEN.
DER BEITRAG, DEN ICH IN ELI000 AUFNAHM, STAMMT VON ADRIAN NOTZ,
DEM DIREKTOR DES CABARET VOLTAIRE. DIES IST EINE KLEINE ABER SEHR
WICHTIGE INSTITUTION UND DIE GEBURTSSTÄTTE DES DADAISMUS. IN DER
EIN ODER ANDEREN WEISE IST ER DER GRUND FÜR ALL DAS HIER. ER IST
DERJENIGE, DER MIR EINEN RAUM ZUM AUSSTELLEN GAB UND GLEICHZEITIG
DIE AUFGABE, EIN PROBLEM ZU LÖSEN: ERSTELLE EINE AUSSTELLUNG ZUM
THEMA "THE REVOLUTION TO SMASH GLOBAL CAPITALISM". KEINER HATTE
EINEN BLASSEN SCHIMMER DAVON, WAS PASSIEREN WÜRDE, WENN MAN MIR
EINEN AUSSTELLUNGSRAUM ZUR VERFÜGUNG STELLTE UND EIN PROBLEM,
DASS ES ZU LÖSEN GALT. ER WAR MUTIG GENUG, ES ZU VERSUCHEN. ALS
LEITER EINES KULTURBETRIEBES WAR ER IN LETZTER ZEIT MIT SEINEN
GEDANKEN OFT BEI DER EIGENTLICHEN VERWALTUNG. ER SAGTE MIR, ER
WOLLE GERN ETWAS ÜBER DIE VERWALTUNG VON KULTURELLEN PROJEKTEN
SCHREIBEN. ICH DACHTE MIR: JA! DAS IST GENAU DAS, WAS WIR BRAUCHEN:
DADA-VERWALTER. WIR ARBEITETEN GEMEINSAM DARAN. ICH MOCHTE DEN
ANSATZ, EINE HAND ZUR ERLÄUTERUNG EINER GESCHICHTE ZU VERWENDEN.
ICH ÜBERNAHM DIES DANN, UM DIE FÜNF GESTALTUNGSAUFGABEN BEI DER
ARBEIT MIT HYDROPONIKSYSTEMEN ZU ILLUSTRIEREN.

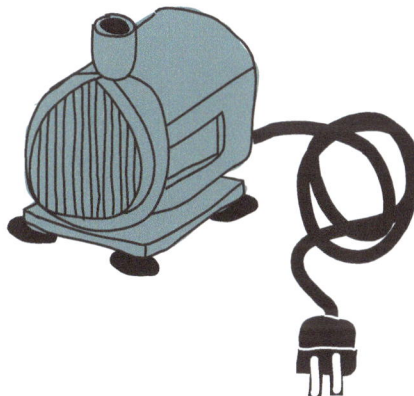

DAS SLAP MANAGEMENT MODELL. MANIFEST-NOTIZEN

By Adrian Notz

Etwa zur gleichen Zeit zu der Antonio Scarponi begann an Readykea (dem Vorläufer zu Eliooo) für die Austellung *Dada New York II: The Revolution to Smash Global Capitalism* für das Cabaret Voltaire zu arbeiten, nahm ich an einem Management-Kurs in St. Gallen teil. Ich lernte Anleitungen zu diversen Prozessen kennen. Es ging außerdem um verschiedene Modelle und den Umgang mit Problemen im Management. Man könnte auch sagen, dass ich etwas über Konzepte im Management gelernt habe. Man kann fast alles in ein Konzept verwandeln, um es mit Antonio's Worten zu sagen. Das trifft vor allem auf Ideen im Management-Bereich zu. Man kann diese Modelle für alle Lebensbereiche verwenden. Sie helfen sogar dabei, die Welt besser zu verstehen und mit ihr umzugehen.

In diesem Kurs lernte ich, dass selbst eine Vision in ein Konzept verwandelt werden kann: Eine Vision ist etwas, dass man niemals erreichen kann. Man sagte mir, dass eine Vision etwa mit dem Nordstern zu vergleichen ist, den die Seefahrer zur Navigation verwendeten. Auch für die Seefahrer war immer klar, dass sie den Stern niemals erreichen werden. So versteht auch das Management eine Vision: Es ist absolut essentiell, eine Vision zu haben, aber man sollte niemals daran denken, sie auch wirklich zu erreichen. Wenn du sie erreichen kannst, ist es keine Vision mehr. Dann ist es ein Ziel. Aber bevor man irgend etwas tut, braucht man zuerst eine Vision.

Für Eliooo könnte diese Vision sein, dass jeder zu IKEA gehen kann und die dort erhältlichen Artikeln dazu verwendet, um ein Gerät zu bauen, mit dem man zu Hause Pflanzen anbaut. Richtig ist aber, dass die Vision von Eliooo darin besteht, dass alle sich nachhaltigen Lösungen bedienen können, um Essen dort anzupflanzen, wo es konsumiert wird. Um es etwas einfacher zu formulieren: Jeder kann helfen, den Planeten zu retten und gleichzeitig etwas Gutes für sich selbst tun. Mit einer Vision wie dieser im Kopf kann man sich ein Ziel setzen.

Ich bediene mich eines sehr praktischen Fünf-Punkte-Modells für die Entwicklung jeglicher Art von Konzepten, um das gewünschte Ziel zu setzen und es genauer zu beschreiben. Wie all die Modelle und Anleitungen ist es sehr einfach gehalten. Man kann es mit den fünf Fingern einer Hand erklären. Es hat noch keinen offiziellen Namen. "Das Fünf-Finger-Modell, um ein Ziel zu definieren" klingt nicht wirklich gut. Also verwende ich den Namen, den Antonio vorgeschlagen hat: Das Slap- Management-Modell. Mit dem Slap-Management-Modell kannst du all Deine verfügbaren Materialien in fünf Kategorien aufteilen und sie so ordnen.

Das Slap-Management-Modell dient ausserdem dazu, Ideen und Probleme einfacher in einen anderen Kontext zu übertragen. Das ist eine Möglichkeit, Informationen in anderer Form mitzuteilen. Man kann sie in die Hände nehmen, um sie greifbar zu machen - fassbar und direkt, wie einen kleinen Klaps.

Ich werde *das Slap-Management-Modell* nun auf Antonio's ELIOOO anwenden und meine Analyse dazu formulieren:

Der Daumen
Ich fange mit dem Daumen an. Nur mit dem Daumen kann man Dinge richtig greifen und halten. Im Slap-Management-Modell steht der Daumen für den Hintergrund und den Kontext eines Projekts. Der Hintergrund und der Kontext besteht dabei aus einer Analyse des Startpunktes, des Kontextes und dem Potenzial eines Projektes. Sobald man den Hintergrund und den Kontext versteht, kann man eine SWOT Analyse machen. In einer SWOT Analyse stellt man sich der Frage, was die Stärken und Schwächen des Projekts sind und wo Chancen und Gefahren versteckt sein könnten. Wenn man dies nun auf ELIOOO bezieht, können wir die Stärken recht einfach herausstellen. Es ist einfach herzustellen, kostet so gut wie nichts, ist fast überall auf der Welt erhältlich und gibt dir das Gefühl, dass Du etwas Gutes tust. Als Schwäche könnte man anführen, dass es nicht sonderlich schick aussieht und man wohl aus der Stadt zum nächsten IKEA fahren muss, um die Komponenten zu besorgen. Die Chancen von ELIOOO sind, dass wir uns in einer Zeit befinden, in der globales Umweltbewusstsein eine immer grössere Rolle spielt. Es kommt gerade in Mode, sich aktiv für den Umweltschutz und die Rettung des Planeten einzusetzen. Die aktive Teilnahme am Umweltschutz ist aktuell sogar sehr in den Mainstream gerückt. Wenn man es aus diesem Blickwinkel betrachtet, ist die Verwendung von IKEA-Artikeln sogar auch eine der Chancen. Es ist recht schwierig Gefahren für ELIOOO festzulegen, die nicht die gesamte Welt betreffen.

Der Zeigefinger
Ich gehe nun weiter zum Zeigefinger. Dem Namen entsprechend verwenden wir diesen meist, um auf Sachen zu zeigen. In unserem Modell steht der Zeigefinger für das Ziel des Projekts. Ich denke, das Ziel von ELIOOO ist, so viele Leute wie nur irgend möglich zu erreichen und ihnen zu zeigen, wie einfach es ist, zuhause Essen anzupflanzen, ohne sich über die Bewässerung Sorgen zu machen. Dies ist durch die Verwendung eines Hydrokultursystems gegeben. Die Analyse des Kontextes zeigt uns auch auf, ob dieses Ziel realistisch ist. Mit der Verwendung von IKEA-Artikeln und der Vorgabe, das System so einfach wie möglich zu gestalten, ist das Ziel sehr realistisch. Das ist worum es sich bei ELIOOO dreht.

Der Mittelfinger
Der Mittelfinger, manchmal auch als "Fuck"-Finger bezeichnet, steht für die Entwicklung einer Strategie. Mit seiner etwas ruppigen Einstellung zeigt er Dir, wie Du Dein Ziel erreichst. Er repräsentiert den "Masterplan", der den Zeitplan, die Leute, die Finanzen, die Organisation und sogar das Produkt vorgibt, die Du benötigst, um Dein Ziel zu erreichen. ELIOOO versucht das Ziel zu erreichen, indem es einen "Prototypen" verwendet, um diesen mit einer Anleitung zum schlussendlichen Produkt werden zu lassen. Auf Produktebene ist der Master Plan recht einfach definiert: Man braucht nicht viel Zeit oder Geld um ELIOOO zu bauen, man bekommt es allein hin und es bedarf minimaler Organisation. Mit anderen Worten: Es ist sehr einfach.

Der Ringfinger
Nachdem nun die Strategie steht, wird das Projekt realisiert. Für die Realisierung benutzen wir den Ringfinger. Der Ringfinger ist normalerweise der Platz für den Hochzeitsring. Ich verwende ihn hier repräsentativ dazu, wie ein Projekt begonnen wird. Die Funktion ist hierbei, dass die Dinge anfangen real und bindend zu werden. Wenn man also anfängt an einem Projekt zu arbeiten, fängt man an Geld auszugeben, Sachen zu bestellen, Leute zu dirigieren

etc. Man fängt an zu gestalten. Für dieses Projekt gilt aber: Die ersten ELIOOOs wurden bereits gebaut und das Buch, dass Du gerade in den Händen hältst, ist schon veröffentlicht.

Der kleine Finger
Als letztes haben wir den kleinen Finger. Er hat nicht wirklich eine Funktion als solches. Auf Grund seiner Grösse kann man ihn aber als den Finger sehen, der Sachen in Frage stellt. In meinem Modell dient er als Kontrollorgan und zur Überwachung. Die Funktion des Kontrollorgans ist sicherzustellen, dass man noch immer der definierten Strategie folgt. Es erlaubt auch, dass man vom Projekt lernt. Das ist ein Moment, in dem man Feedback sammelt und den Einfluss von dem, was man erschaffen hat, beurteilt. Wie der kleine Finger an Deiner Hand ist, ist nicht essentiell, aber gut zu haben. Man kann eine Verbindung mit dem Daumen herstellen und er kommt an Stellen, an die die anderen Finger nie gelangen können. ELIOOO wurde mit Crowdfunding realisiert. IKEA unterstützt dieses Buch. Die Ideen dieses Buches wird man erst dann begreifen, wenn man als Leser selbst zum "Macher", der ausführenden Kraft, einer Ein-Mann-Fabrik, wird. Zusammen ergibt dies dann eine grosse "Fabrik der Massen", um die Lösung für umweltfreundliche Problemstellungen zu entwickeln. ELIOOO wird die Verwirklichung von Antonio's Prototypen. Das bietet einen Einblick darin, wie man das Bewusstsein der Menschen zum Positiven hin verändern kann. Es sorgt dafür, dass die Leute zuhause Essen anpflanzen können und zu Produzenten einer Idee werden.

Mit Hilfe von fünf Fingern konnte ich erklären wie Eliooo verwirklicht wurde. Es wird immer realer und es droht ein Einschlag. Slap!

Adrian Notz (*1977, in Zürich) studierte Kunst an der Kunsthochschule in Bremen und Kunsttheorie an Hochschule der Künste in Zürich. Er begann 2004 als Kurator im Cabaret Voltaire. 2006 wurde er dort zum stellvertreter Leiter und seit 2012 arbeitet er als Leiter des Cabaret Voltaire. Seit 2010 ist er zudem der Leiter des Bereichs Bildende Kunst an der Schule der visuellen Gestaltung in St. Gallen.

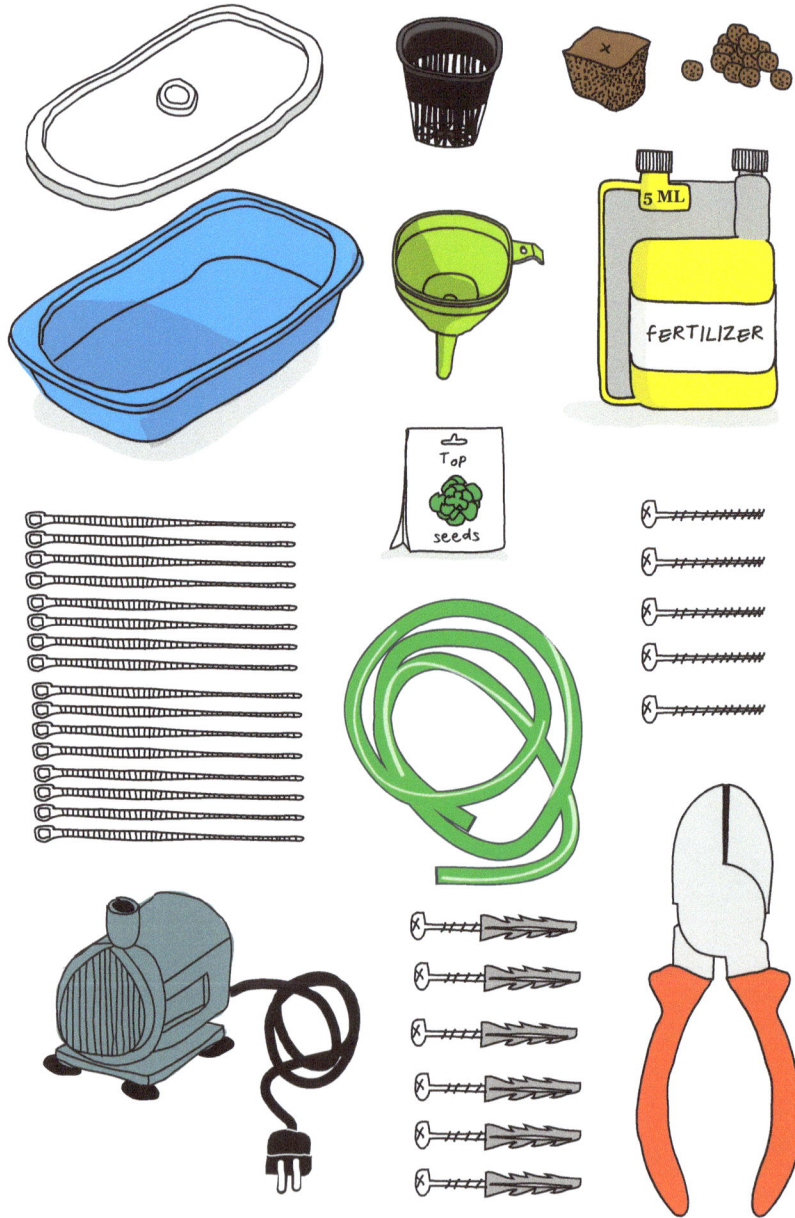

www.ingramcontent.com/pod-product-compliance
Lightning Source LLC
Chambersburg PA
CBHW060803270326
41926CB00003B/77